忙しさ幻想

忙しさと仕事量は
案外、無関係

豊留菜瑞

SUNMARK
PUBLISHING

旅行中に、分刻みで
目的地を訪れるような予定を組む時、
人はそれを「忙しい」とは言いません。

むしろ、目を輝かせながら、
「なんて、充実した旅なの！」と言うでしょう。

一方、仕事となると、
1日に2~3個もミーティングが入れば、
人はそれを「忙しい」と言います。

実は忙しさって、タスクの量に依存しません。

忙しさとは、心の感じ方であり、

幻想なのです。

タスクが多かろうが、少なかろうが、
締切が迫っていようが、いまいが、
パソコンと睨めっこしていようが、
ソファに寝転んでいようが、

どんな状態だろうが、
心が忙しいと感じているなら、
人はそれを「忙しい」と言い、
たくさんのことを諦めていきます。

そして、不思議なことに、暇で退屈な人ほど、
「時間がない」と言っているのです。

それが分かるのは過去の私自身がそうだったから。
これは、幻想でしかない「忙しさ」から抜け出すための手引書であり、
かつて引きこもりだった私が、
会社を経営すると同時に、
読書インフルエンサーとして活動し、
年間240冊もの本を読むような人生を手にいれるまでの
壮絶な道のりを記したものです。

はじめに

巷には「時間」をテーマにした本が溢れています。

書店の棚を眺めれば、「タイムパフォーマンス」「タイムマネジメント」「時間効率」「デトックス時間」と、数多くの〝時間の悩み〟にまつわる言葉が躍っているのです。しかもこれは日本に限ったことではなく、世界中で起きている現実です。

例えば1989年に『7つの習慣』（キングベアー出版）という1冊の本が刊行されました。

この本に書かれている内容を、少々乱暴ながらひと言にまとめるなら、**「最優先事項を真っ先に実行すれば、人生は豊かになる」**というものです（タイトルからは「時間管理」に関する話は想像しにくいかもしれませんが）。

初版が出版されて以来、世界中で2500万部ものベストセラーとなり、今現在も時間管理や自己啓発書の金字塔とされています。

しかし、奇妙に思えてならないのは、このように数多くの「時間の使い方」に関する本が出版され、先人たちが私たちに時間管理の手法やアイデアを教えてくれるにもかかわらず、現代の多くの人々が「時間が足りない」と感じている点です。

セイコーが発表した「時間白書2022」の調査結果によると、調査対象の実に66・3%もの人が「時間に追われている」と感じており、さらにその中の48・0%の人が「その感覚が以前よりも強くなった」と回答しています。

また、57・2%の人が「1日24時間では足りない」と感じており、この数字は前年よりも増加しています。

現代人は年々、忙しくなっている。

そんな現実がこのデータから読み取れるわけです。
しかし本当にそうなのでしょうか？　つまり、現代人は、実際に忙しくなっているのでしょうか？

冷静にとある統計データを見てみると、驚くべきことに気づきます。

総務省統計局の「令和3年社会生活基本調査」によれば、2016年と比較して、「休養・くつろぎ」の時間が1日平均20分も増加しているというデータがあります。
そして同調査では、減少傾向にあった睡眠時間が増加に転じ、1日平均14分増加していることが判明しました。

さらに、厚生労働省のデータによると、１９７３年から２０２３年の50年間で、労働者１人あたりの年間総実労働時間は約４００時間も減少しているのだとか！

言い換えれば、私たちの「自由時間」は確実に増えているわけです。

それなのに、現代人が年々「忙しくなった」「時間が足りない」と感じているのはなぜでしょう？

忙しさとは「状態」ではなく、「心の感じ方」

現在私は、会社を経営しながら、コンサル業と主婦業もこなし、かつ読書インフルエンサーとしての顔も持っています。

年間の読書冊数は240冊。

1・5日に1冊のペースで読んでいることになります。

「菜瑞さん、そんな時間がどこにあるんですか?」

担当編集者からのこのひと言により、このたび、「時間」にまつわる書籍を書くこととなりました。

ただし私は前々からこんなにも潤沢に「読書する時間」があったわけではありません。

それどころか、時間管理が全くできない人間でした。

時間を守れない。

予定を守れない。

計画性がない。

大事なことをすぐ忘れる。

何をするにも時間がかかる。

やらなきゃいけないことを先延ばしにする。

……「何重苦だよ」と突っ込みたくなるくらい、時間の糸が絡まった人生を送っていたのです。転機が訪れたのは、よく相談をさせていただいている先輩とごはんに行った時のこと。


「やりたいことはあるんですが、生活するのが精一杯で……なかなかやりたいことに手がつけられません」

そう私は先輩に愚痴をこぼしました。

すると先輩は真剣なまなざしで私にこう言いました。

「いいか、金は無限。でも、時間は有限だ」

その言葉に、私はハッとしました。逆だと思っていたからです。
時間はありあまり、お金は有限だと。
しかし、当たり前ではありますが、人は死にます。必ず死にます。
いつか終わりが来ます。
それは誰しもに与えられた平等な条件です。
だからこそ、「時間をどう使うか」についてちゃんと向き合わなければなりません。

このことに気づいた瞬間から、私は自分の時間をどのように使うかを真剣に考えるようになり、書店に行き、本を読み漁りました。
こうして発見した1つの答えがあります（すぐに答えが見つかったわけではないのですが、それはまた後ほど）。

それが冒頭でもお伝えした、「忙しさとは幻想である」ということです。

先述した通り、現代人は年々、自分のために使える時間が増えています。

事実として、自由時間が増えているのです。しかし、それとは裏腹に、現代人は「忙しくなった」「時間が足りない」と感じています。


つまり、「忙しさ」とは、〝状態〟ではなく、〝心の感じ方〟なのです。


旅行中、どれだけ予定を詰め込んでも、人はそれを「忙しい」とは言いません。

むしろ充実した旅だとすら思う人がほとんど。

でも、なぜか仕事だと、そうはいかない。

だとすれば、その2つの時間軸に存在する〝乖離〟を埋めていけば、「忙しさ」という名の幻想から解き放たれることができるのではないか？

そんな問いと向き合い、**どのようにすれば読む人を「忙しさ幻想」から解き放つ**

ことができるのか、その具体策を書いたのが本書です。

スタンフォードが突き止めた「忙しさ」の正体

「忙しさとは幻想である」

これには、科学的エビデンスも存在します。

「なぜ人は、忙しさや焦りを感じるのか？」そんな普遍的な問いに答えを出すべく、スタンフォード大学の研究者たちは実験を行いました。

実験では、「時間制限（プレッシャー）」がある状況で被験者に課題を与え、通常時と比較し、ストレスホルモン（特にコルチゾール）の分泌がどう変化したかが調べられました。

結果、時間的なプレッシャーを感じるタスクに取り組むと、被験者のコルチゾールの分泌が増加すること（焦燥感が増加すること）が明らかとなりました。

これは、実際に行っているタスクの量自体が「忙しさ」に直結しているわけではなく、プレッシャーを感じた時に、心が勝手に「忙しさ」を作り出すことを意味しています。

やはり忙しさとは幻想だということです。

それではいよいよここからが本章です。

第1章では、主に「忙しさ幻想」の正体を暴いていきます。忙しさはどこからやってくるのか？　その真実が見えてくるはずです。

そして第2章では、「忙しさ幻想」に陥ってしまう原因や、忙しさ幻想に陥らないためにやめたほうがいい習慣について書いていきます。

さらに第3章ではいよいよ「忙しさ幻想」の抜け出し方を解説し、極めつきの第4章では「忙しさ幻想」を抜け出した先で充実した人生を送れるよう、私が実践している「読書を味方につける方法」を公開します。

私が実際に体験したこと。
世界中に存在する科学データ。
世界中の本に教えてもらったこと。

……そういったあらゆる視点をもとに、読者の皆さんが「忙しさ幻想」の存在に気づき、その幻想から抜け出した先で、残りの人生を見つめ直し、充実した時間を一緒に作り出せたら幸いです。

第1章
暇で退屈な人ほど、「時間がない」と言っている

第2章
「時間」に振り回されないために
やめたほうがいいこと

第3章 意味のある時間を過ごす時、そこに「忙しさ」は存在できない

第4章
人生をもっと濃厚で、もっと意味のあるものにする読書術

第1章

暇で退屈な人ほど、「時間がない」と言っている

現代人に「忙しい」と言う資格はない？

「時間がない」

「忙しい」

現代人の口癖とも言えるこれらの言葉。しかし、歴史を振り返ってみると、私たちの主張には大きな矛盾が潜んでいることに気づきます。

江戸時代（1603～1867年）、庶民の主要な移動手段は「徒歩」でした。

車やバスなどの現代の公共交通機関はもちろん存在しません。

そんなこともあって街中では、商人や職人、町人たちが日常的に歩きながら仕事をこなしていました。

一般的に、江戸から京（現在の京都）までの移動は徒歩でなんと13日から15日前後かかっていたようです。現代の私たちの生活からは考えられないほどの時間がかかっています。

通勤や通学など、日常生活にとっても欠かすことのできない鉄道が誕生したのは、明治5年（1872年）のこと。

日本で初めて鉄道が開通したのは、新橋駅―横浜駅をつなぐ29km。

その後、東京をはじめ関西や北海道、東海と全国へ鉄道が普及していき、明治末期までにはほぼ全国の幹線網が完成しました。

そこからさらに1964年10月1日に東京―新大阪間で東海道新幹線が開業。東京オリンピック開会の9日前のことでした。時速200km以上の高速走行を可能とした世界初の高速鉄道として賑わいました。

こうした文明の発達は、「移動」に限ったことではありません。

江戸時代では、洗濯は全て手洗い、炊事は薪を集めることから始まり、掃除はほうきと雑巾だけが頼りで、水汲みだけでも1日の大きな仕事でした。

また、手紙が届くまでに数日から数週間かかり、私の大好きな本は、なんと手書きで写して共有していたというのです!

仕事においても、計算は全て手作業ですし、夜間の仕事は灯りの制約で限定的でした。

それが今はどうでしょう。

東京―京都間はわずか2時間15分。

洗濯機が24時間働いてくれ、食洗機が食器を洗い、掃除機がゴミを吸い取り、スマートフォン１つで世界中の情報にアクセス可能です。

計算は、電卓で瞬時に終わらせることができ、文章もパソコンがあれば、書き直しも複製も自由自在です。灯りにだって困りません。まさに、かつての人々が夢見た「もっと楽に、効率よく」という願いが、ほぼ完璧な形で実現されているのです！

現代の私たちに本当に「忙しい」と言う、資格はあるのでしょうか。

しかし、冒頭で述べた通り、不思議なことに、これほどまでに「時間を生み出す」技術が発達したにもかかわらず、私たちは昔の人々より「忙しい」と感じているわけです。

なぜ、このような逆説が生まれるのか？　その答えを示す、いくつかの衝撃的な研究が世界中で発表されています。

人類は、無意識に忙しさを歓迎している

「忙しさこそが見せびらかしの対象になる」

そんな衝撃的な研究結果を、コロンビアビジネススクールのシルビア・ベレッザ准教授らが2016年に発表し、大きな話題となりました。

つまり、人は「忙しい自慢」をしたい生き物だということを主張しています。

宝石やブランド品、高級車などと同様、「忙しいこと」がステータスシンボルになっているというのです。

その理由について、この研究では**「忙しいということは、その人に対する需要が高いということを示す。有能で野心があり、人から望まれる資質を持っているということであり、ダイヤモンドや車や不動産といったものより、忙しいということのほうが希少価値を持っているということになる」**と説明しています。

数年前の私も、確かに同じような気持ちを持っていました。

「時間が足りないんですよねー」なんて言いながら、そんな自分にいくばくかの充実感を得ていたのです。スケジュール帳にびっしりと予定が埋まっていないと、世間から求められていない人間だと思い、無価値感を抱くことすらありました。

「自分は価値のある人間だ」と思いたい気持ちが「忙しさ」を生みだしているのでしょう。これぞまさに幻想ですよね。

幻想ついでに、興味深い話をもう1つ。

19世紀から20世紀初頭のアメリカの著名な経済学者であるソースティン・ヴェブレンは著書『有閑階級の理論』（筑摩書房）の中で、こう記しています。

「金持ちはその暇と贅沢な消費を見せびらかすことで富を顕示した」

つまり、「暇」こそが権力と富の象徴だということ。ヴェブレンは見栄や虚栄の消費効果について分析し、「暇」も見せびらかすものであると主張しました。

……忙しく見せるにしても、暇に見せるにしても、どうやら人類というのは、どうにかして自分を大きく、価値のあるものに見せたい生き物なのでしょう。

それがまるで幻想だったとしても。

「忙しさ」が痛み止めにもなっている？

また、人々が「忙しさ」を歓迎しているもう1つの理由があります。

「忙しさはどうやら麻酔のような働きもあるようだ」

これはドリー・クラーク著『ロングゲーム　今、自分にとっていちばん意味のあることをするために』（ディスカヴァー・トゥエンティワン）に掲載されている言葉です。

何も考えたくない。

辛いことは全部、忘れてしまいたい。

そんな思いから、あえて忙しさの渦に飛び込む。そんな経験はないでしょうか。

私は、たくさんあります。例えば、失恋した時なんかは、どうにかして自分を忙しい状況に追い込み、悲しみが入ってくる余地をなくすことに努めました。

忙しさは、溢れ出る見たくもない感情に蓋をしてくれる存在です。忙しいと深く考えなくて済むからです。それが先ほどの「麻酔」の所以です。

「忙しさ」は、面倒なことを避けるための免罪符

そして、さらにもう1つ、人々が「忙しさ」を歓迎している理由があります。

それは、「忙しさ」が最強の免罪符になるから、というもの。

「忙しさ」という言葉は、現代社会で最も便利な〝言い訳〟の1つです。

行きたくない飲み会を断る時、取り組みたくない課題を先送りする時、チャレンジを避けたい時、「忙しくて……」のひと言で、あらゆる面倒が正当化されます。むしろ周囲からは「大変だね」と同情すら得られる。これほど便利な言い訳は、他にありません。

しかし、この「免罪符」には大きな代償が伴います。

「忙しさ」を繰り返し口にすることで、私たちは徐々にその状態を「当たり前」と受け入れていく。そして気づかないうちに、「やりたいこと」「挑戦したいこと」までも、自ら遠ざけてしまうのです。

忙しさという「盾」は、確かに私たちを守ってくれます。

しかし、その盾は同時に、未来への扉も閉ざしているのです。

忙しい自慢によって自分自身の存在価値を演出したり、考えたくないことを考えないようにするためにあえて自分を「忙しさ」の渦に飛び込ませたり、面倒を避けるための免罪符に使ったり。

こんなふうに、人は「忙しさ」を手放したいと思っている反面、忙しさにしがみついていることがうかがえるわけです。

そして、さらに我々を「忙しさ幻想」に誘う元凶があります。

それが意外かもしれませんが、「時間術」です。

「時間術」や「効率化」は時間どろぼう

なぜ、多くの人が時間を有効に使おうと努力しているのにもかかわらず、いつまでも時間の余裕がないのか？

それは「時間を生み出そうとしている」からです。

矛盾のように聞こえるかもしれませんが、時間を生み出そうとしているから、いつまでたっても時間に追われるのです。

もっと言うと、「タイムパフォーマンス」「タイムマネジメント」など、世の中に溢れるいわゆる「時間術」が、むしろ我々の時間を奪っている。

そんな信じられない話があります。

時間術でパフォーマンスはさほど上がらない

驚きの真実を教えてくれたのはこの本。

鈴木祐氏の著書『YOUR TIME　4036の科学データで導き出したあなたの人生を変える最後の時間術』（河出書房新社）。

「時間術を駆使しても仕事のパフォーマンスはさほど上がらない」

複数の研究機関が、そう発表したと言うのです。

コンコルディア大学などが2021年に行った調査では、「仕事のパフォーマンス」と「時間術」には「r＝0・25」の相関しかないと発表されました。

なお、「r」とは2つの事象にどれくらい深い関わりがあるのかを表す数値のこと。ここではつまり、「時間術」と「仕事のパフォーマンス」の関係を示します。数字が「1」に近いほど両者は関係が深いとみなされ、0・5以上の値を取れば「大きな関係がある」と判断されるのが一般的です。

例えば、「ビールの販売量」と「気温の関係」を調べると、たいていは「r=0・78」程度の大きな数値を算出します。

暑い日に冷たいビールを飲みたくなるのは想像に容易いので、この数値はさほど意外なものではないですよね。

その点、先ほどの「仕事のパフォーマンス」と「時間術」の関係値=0・25は、**「時間術でパフォーマンスが上がることはあるが、効果を実感できない場面が非常に多いレベル」**だと考えられます。

時間術に時間を使っても、時間が生まれることはない。

それどころかむしろ、無駄な時間を使うことになるので、時間はますますなくなっていくのです。

そこで、本書がおそらく書店の「時間術」の棚に置かれる可能性が高いことは分かりながら、これ以降、いわゆる「時間術」を紹介することはしません。

この本の目的は、「忙しさ」とは幻想であると気づくこと。

そして、その幻想から抜け出し、本当の意味で読む人に充実した時間を過ごしていただくことだから。

次の項目では、「時間」の常識が書き換わってしまう、驚きの事実に触れていきます。

時間は「時計の中」ではなく、「心の中」にある

「時間が過ぎるのが早すぎる……」

「もっと時間があればなぁ……」

私たちは日々、こんなふうに「時間」について考えています。まるで時間という「モノ」が実際に存在し、川のように流れているかのように。

しかし、イタリアの理論物理学者カルロ・ロヴェッリは、著書『時間は存在しない』（NHK出版）の中で、驚くべき指摘をしています。

「時間は実在しない。それは人間が作り出した幻想である」

にわかには信じがたい主張かもしれません。しかし、冷静に考えてみると当たり前の話です。

例えば、あなたが深い森の中で1人暮らしをしているとします。

そこには時計も、カレンダーも、スマートフォンもありません。

ただ太陽が昇って沈み、いずれ葉が緑から赤に変わり、また新しい芽が出る。

その世界には、「時間」はもちろん、「年月」も「日にち」も存在しません。

つまり、「時間」は自然界に元々存在したものではなく、人間が社会を作り、共同生活を営むために生み出した「ものさし」なのです。

このことについて別の角度からも考えてみましょう。

「時間は速度を持って流れている」と私たちは思っています。

では、その時間はどれくらいの速さで流れているのでしょうか？

この問いに答えようとすると、面白いことに気づきます。時間の「速さ」を測ろうとすると、必ず別の時間が必要になるのです。

例えば、身長を測る時のことを考えてみましょう。

世界にたった1人しか人間がいなければ、「背が高い」「背が低い」という概念は存在しません。比べる相手がいないからです。

同じように、時間の「速さ」を測ろうとしても、それを測る別の時間の基準が必要になってしまいます。そしてもちろんそんなものは存在しません。

ですから、「時間の流れ」というのもまた、実際には存在しない幻想だということです。

アインシュタインはこう言いました。

「美女と過ごす1時間は1分のように感じ、熱いストーブの上に1分座っているのは1時間のように感じる」

この言葉が示すように、時間の感じ方は状況によって大きく変わります。

なぜなら、時間とは客観的に存在する「モノ」ではなく、私たちの意識が作り出した「感覚」だからです。

時間とは「時計の中」ではなく、「心の中」にある、ということです。

要するに、私たちは「変化」を見ているだけなのです。

太陽が動く。

季節が移り変わる。

子どもが成長する。

花が咲いて散る。

これらの「変化」を人間が数えたり、測ったり、記録したりすることで、「時間」という概念が生まれたわけです。

このことに気づくと、「時間がない」という私たちの悩みも、少し違って見えてきませんか？

2つの時間軸、「クロノス」と「カイロス」

古代ギリシャの人々は、「時間」というものを、現代の私たちに比べて、より深く理解していたようです。

彼らは時間を2つの異なる概念で捉えていました。

それが「クロノス」と「カイロス」です。

「クロノス」とは、私たちを縛りつける「時計の時間」です。

日の出、日の入り、季節の移ろい。これらの自然な流れさえも、私たちは分単位、秒単位で区切り、管理しようとしています。

「9時の会議」「15時の締切」「18時退社」

このように時間を細かく刻み、数字で切り取ることで、私たちは知らず知らずのうちに、自分たちを「時計」という名の牢獄に閉じ込めているのです。


一方、カイロスとは、「意味のある瞬間」を表す時間の概念です。

例えば、人生が変わる出会いの瞬間や心に深く響く気づきの瞬間など、時計で計れる単なる「時間」ではなく、あなたの人生にとって特別な意味を持つ「とき」。

それが、「カイロス時間」の表すところです。


つまり、カイロス時間とは「量ではなく質の時間」という言い方もできます。

長年の努力が実を結ぶ瞬間。

大切な人と心が通じ合う瞬間。

子どもの成長に心から感動する瞬間。

新しい発見に胸が躍る瞬間。

これらの時間は、たとえ短い時間（たった一瞬）だったとしても、私たちの人生に大きな意味を与えてくれますよね。これこそが、カイロス時間なのです。


古代ギリシャ人は、この「カイロス」を、前髪は長いが後頭部には髪がない美少年の姿で表現しました。

「幸運の女神には前髪しかない」という言葉の由来です。

その意味は、大切な「とき」は一瞬で過ぎ去るものだから、真正面から向き合い、しっかりとつかまなければならない、ということ。

このように、カイロスは単なる「時期」や「機会」を超えて、人生における真に意味のある瞬間を指し示す、深い概念なのです。

現代人は「クロノス」の捕虜になっている

現代社会において、私たちは「クロノス時間」、つまり機械的に刻まれる「時計の時間」に支配されています。

スマートフォンの画面を確認する回数を数えてみたことはありますか？

アメリカの調査会社dscoutの調査によると、一般的なスマートフォンユーザーは1日に2617回も画面に触れているそうです。

つまり、私たちは平均して33秒に1回はスマートフォンを確認している計算になります。

そのせいで「カイロス時間」、つまり質や価値を重視する「意味のある時間」は、どんどん私たちの生活から失われています。

結果として、私たちは常に「次」を意識し、「後」を気にかけ、そして「忙しい」

と感じ続けているのです。

「そこ」にクロノス時間は存在できない

「一期一会」という言葉をご存じでしょうか。

お茶の世界から生まれたこの言葉は、「この出会いは二度と訪れない、だから心を込めて大切にしよう」という教えです。

実は、この考え方は人との出会いだけでなく、人生のあらゆる瞬間に当てはまります。

今この瞬間。

この空気、この景色、この気持ち。

すべては、二度と同じようには訪れません。

この「今」を心から大切にする時、不思議なことが起こります。

「早く次へ」「もっと先へ」という焦りが消え、「忙しい」という感覚が自然と薄れていくのです。

とはいえ私たちは「クロノス時間」という概念を完全に無視して生きることはできません。

それは、現代社会で生きていく以上、避けられないことです。

しかし、それを絶対的なものとして捉えるのではなく、1つの「目安」として扱うことはできます。

・会議の時間は「1時間」と決めるのではなく、「話し合うべき内容が終わるまで」と考える
・1日のスケジュールは「時間単位」ではなく、「やるべきこと」「やりたいこと」を中心に組み立てる

・「締切までにできるか」ではなく、「今できることは何か」を考える

このように時間術ではなく、考え方を変えることで、「時間に追われる」という感覚から解放されていきます（このことについては後ほど、詳しく触れていきます）。

次のトピックでは、「忙しさ幻想」と同じくらい厄介なもう1つの「幻想」について触れ、この章を締めくくりたいと思います。

それが「焦り幻想」です。

もう1つの幻想
――「焦り」という名の牢獄

「30歳までに管理職に……」

「35歳までには結婚を……」

「同期に後れを取るわけには……」

私たちの心の中で、絶え間なく響く声。

それが「焦り」です。


シカゴ大学のムッライナタン教授は興味深い研究結果を発表しました。

人は焦りを感じると、なんとIQが13ポイントも低下するというのです。
これは徹夜明けと同じレベルの能力低下です。
焦れば焦るほど、本来の自分ではなくなっていく。
そうして、「理想の未来」と「今の自分」の間にあるギャップが生まれていく。
それが「焦り」を生み出す源なのです。

しかし、よく考えてみてください。その「理想の未来」は、本当にあなたが望んでいるものでしょうか？
それとも、誰かに見せるための「理想」なのでしょうか？

私たちは、知らず知らずのうちに、
同期と比べて、
世間の常識と照らし合わせて、

ＳＮＳの投稿を見て、
自分の人生を評価してしまいがちです。

そして、その比較が「焦り」という幻想を生み出すのです。

そうなのです、ここまでご紹介してきた「忙しさ幻想」と同様に、「焦り」もまた、私たちの心が作り出した幻想です。

なぜなら……、

「後れている」という感覚は、誰かと比較することで生まれる幻想であり、

「間に合わない」という不安は、自分で設定した期限による幻想であり、

「取り残される」という恐れは、他人の価値観を自分に押しつけた結果の幻想だからです。

「焦り」はどんどん視野を奪っていく

こうした幻想でしかない焦りは、私たちから大切なものを奪っていきます。

本来の自分らしさ。

「今」を楽しむ余裕。

新しいことに挑戦する勇気。

本当にやりたいことを見つける時間。

そして最も痛ましいのは、焦れば焦るほど、かえって前に進めなくなってしまうという現実です。


これを行動経済学では「トンネリング」と呼びます。まるでトンネルの中にいるように、視野が狭くなり、本来の自分の能力を発揮できなくなってしまうのです。

「後回し」のせいで二度と会えなくなった親子

「ごめん、今日は忙しくて……また今度ね」

何気なく口にする「また今度」。

私たちはこの言葉を、まるで無限の時間があるかのように使っています。

しかし、その「また今度」は本当に来るのでしょうか?

ある数学者が「人生の残り時間」を計算したところ、衝撃的な結果が算出されました。

幼い子どもが「公園に行こう！」と手を引っ張る瞬間。

小学生になれば、もう手をつなごうとはしなくなります。

その時が訪れるまで、あと5年だとしたら。

週に1回だとしても、残り260回。

たった260回しか、その小さな手を握る機会は残されていないのです。


両親から「今度、家に来ない？」と電話がかかってくる瞬間。

両親の年齢が50歳だと仮定し、その両親が80歳まで生きたとして、仮に年に2回会っても、残り30年×2回＝60回。

たった60回しか、両親と会う機会が残されていないのです。


親友から「久しぶりに会わない？」とメッセージが届く瞬間。

30歳の人が、80歳まで生きられたとして、3ヶ月に1回会っても、残り50年×4回＝200回。

たった200回しかない貴重な機会を、本当に「また今度」で済ませていいのでしょうか？

これらの「今」は、二度と同じ形では訪れません。そして、この計算は最も楽観的な場合です。私たちには、この回数すら保証されていないのです。

「また今度」という言葉の裏に隠された現実。それは、私たちの「時間」が思っているより、ずっと少ないということ。

「忙しい」という言葉で、あなたは何を諦めていますか？

先日、私はある40代の女性から胸が詰まる話を聞きました。

「母が突然、亡くなってしまいました。『また今度会いに行こう』って思っていた矢先のことでした。

それまで、仕事が忙しくて。

『会いに行きたいけど、今は忙しいから』って、何度も何度も後回しにしていたんです。『また今度』って、言ってたことを後悔しています……」

彼女の声は震えていました。

私たちは「忙しい」という言葉で、どれだけ多くのものを諦めているでしょうか。

そして、「諦めてしまうこと」の中で最も痛ましいのは、「忙しい」という言葉で、自分自身を諦めてしまうことです。

なぜ痛ましいと思うのか。それは、過去の私がそうだったから。

22歳の時、職場でのセクハラ、パワハラにより、上司の姿を見ただけで冷や汗が止まらなくなりました。やがて、朝の電車に乗り込もうとしても足が前に出なくなり、引きこもりになってしまったのです。

外には一歩も出られない。

いや、ベッドからも一歩も動けない。

でも、心はずっと「忙しい」状態でした。

時間があって、退屈なはずなのに忙しかったのです。

過去への後悔、未来への不安、様々な感情が絶え間なく押し寄せ、心が休まる時間はありませんでした。

それでも、少しずつ、ほんの少しずつ、「今」を生きることを始めていきました。

「ペットボトルで水を飲むこと」を、1日の目標にしたこともあります。

そして2年の歳月をかけて、ようやく部屋の扉を開けました。

今では会社を経営しながら、年間２４０冊の読書を達成し、読書インフルエンサーとして講演にも呼ばれるようになりました。

この経験を通して、私は確信しています。

「忙しさ幻想」さえ取り払うことができれば、誰だって、自分自身を諦めずに生きていける、と。そして、誰だって、「自分が生きたい時間」を過ごしていける、と。

朝目覚めた瞬間から忙しさ幻想に襲われていないか

朝、目覚めた時のあなたの最初の感情は何でしょうか？

「今日もやることがたくさんある……」

「早く終わらせなきゃ……」

「間に合うだろうか……」

もしかしたら、あなたの心は朝起きて早々、すでに未来の不安に支配されているのかもしれません。

そして夜。今日1日を振り返った時、あなたは何を思い出すでしょうか？

「明日も朝から会議だ……」

「あれもこれも終わらなかった……」

「ああ、不安で眠れないな……」

こんなふうに夜もまた、あなたの心は、未来の不安でいっぱいかもしれません。

しかし、大切な「今」を「忙しい」という感情や、未来への不安で、奪われていいはずがありません。

「今」という瞬間は、誰がなんと言おうとたった一度きりです。

児童文学作品『モモ』（岩波書店）に、こんな言葉が出てきます。

「時間とは生きることそのもの。人の命は心をすみかにしている」

問いかけてみてください。
あなたは今日、何を大切にしたいですか?
そして、その「大切なもの」を「忙しさ」という理由で諦めていませんか?

次章では、いよいよ解放の時

ここまで、私たちを縛る2つの幻想――「忙しさ」と「焦り」について見てきました。
これらの幻想から解放されたとき、あなたの前には、まったく新しい景色が広がっているはずです。

次章からは、いよいよこれらの幻想から抜け出す具体的な方法をお伝えしていきます。あなたの「本当の時間」を取り戻すために——。

第2章
「時間」に振り回されないためにやめたほうがいいこと

毎日が楽しそうなあの人は、何をやっていないか

時計の存在は、確かに私たちの生活を便利にしました。

「締切は本日の15時まで」

「14時にあそこのカフェで待ち合わせ」

こんなふうに明確な時間の基準があることで、社会は円滑に回り始めたのです。

しかし、その代償として、私たちは知らず知らずのうちに「時計の奴隷」になってしまいました。

前章で見てきたように、時間には2つの顔があります。

①機械的に刻まれる単なる時計が示す時間＝「クロノス時間」
②心が躍動するような意味のある時間＝「カイロス時間」

この2つです。私たちは今、この2つの時間のうち「クロノス時間」に支配されすぎているのではないでしょうか？

朝は時計に叩き起こされ、日中は時計と睨めっこし、夜は時計に追い立てられ……。そして気づけば、「今を生きる」ことを忘れ、ただ時計の針を追いかけるだけの日々を送っているかもしれません。

そこでこの章では、私たちを無意識のうちに「時計からの支配」に陥らせている8つの悪習慣を紹介しながら、その悪習慣からどうすれば自由になれるのか、その具体的な方法を探っていきます。

「腕時計」がもたらす忙しさ幻想

「まだ朝9時だから、もう少し後でいいや」

――こうして先延ばしにすることで、今この瞬間の集中力を逃し、機会損失を起こしてしまう。

「11時になったし、仕事を中断して、昼食の準備を優先しなくちゃ」

――こうしてせっかく生まれた創造的な思考の流れは、いとも簡単に途切れてしまう。

「もう22時だし、読書はやめにして、寝る準備をしなきゃ」
――こうしてせっかく心が望んだ学びへの意欲を手放してしまう。

このように、私たちは知らず知らずのうちに「時間」に縛られて生き、本来手に入れられたはずの多くの可能性を諦めています。

そして、私たちを時間に縛りつける最も身近な「道具」、それが腕時計です。

腕時計は確かに便利な道具です。しかし同時に、それは「いつでも時間が分かってしまう呪縛」でもあるのです。手首に巻かれた小さな文字盤が、私たちの行動と思考を無意識のうちに制限します。

だからこそ私は、あえて腕時計をしないと決めています。

実は、時計を見る習慣を手放すだけで、驚くほどの自由と集中力を得られることも分かっています。

アメリカの心理学者ミハイ・チクセントミハイは、時間を気にしない状態で得られる効果として「フロー状態」という概念を提唱しました。これは、時間を忘れて物事に没頭し、驚くほどの集中力と生産性を発揮できる状態を指します。

この状態に入るためには、まず時間を忘れることが重要です。

時計を見ないことで、「何時だからこれをしなければ」という意識から解放され、目の前のタスクに集中できます。

その結果、思考が深まり、自然とパフォーマンスが向上します。

また、時間を気にしなくなると、退屈を感じにくくなります。

日本心理学会の研究によれば、時間の経過に注意を向ける頻度が高いほど、時間を長く感じる傾向があるそうです。

つまり、時計を見る回数を減らすことは、

・タスクへの集中力向上
・時間の重圧からの解放

が期待できるということであり、それはつまり生産性の向上に直接つながるわけです。

忙しさに追われる日々から解放されるためには、まず時計を見る頻度を減らすことから始めてみましょう。腕時計を外し、スマホの時計を確認する回数を減らすだけでも効果を実感できるはずです。

時計の針に支配される悪習慣②

「締切」がもたらす忙しさ幻想

カレンダー(予定表)を開くと、びっしりと詰まった「締切」の2文字が目に飛び込んでくる。

「今日はどこから手をつければいいんだろう……」
「あとどれくらい時間の猶予はあるのだろう……」

制限時間を目で追うたびに、胸の奥にじわじわと重くけだるい感情が広がっていく。まるで、ラットレースを走っている気分。

こんなふうに数えきれないほどの締切を抱え、大きなプレッシャーを感じながら、時間に追われ、忙しい毎日を送っている人も多いのではないでしょうか。これでは「クロノス時間」に支配されるのも無理はありません。

とは言っても、「締切」がなければ、仕事が進まないことも事実です。

そこでまずは「締切」をちゃんと使いこなすことが重要になります。

「パーキンソンの法則」はご存じでしょうか。

これは、20世紀のイギリスの歴史家、C.N.パーキンソンが発見した法則です。彼は、植民地時代の官僚機構を研究する中で、ある不思議な現象に気づきました。

同じ内容の仕事でも、1週間の締切を与えれば1週間かかり、3日の締切なら3日で終わり、1日しかなければ1日で完了した、というのです。

つまり、私たちは無意識のうちに、与えられた時間をギリギリまで「満たそう」

とするわけです。

こう考えると、「締切」も幻想と言えますよね。

そこで私は、そんな「締切」という名の幻想を次の方法で味方につけています。


「最低限の締切日」と「最高の締切日」を設定する方法です。


例えば、「この日までには絶対に終わらせる必要がある」という最低限の日付と、「ここで終わらせたら最高！」という理想的な日付の2つを用意します。

この方法は、締切による過度なプレッシャーを避けると同時に、適切なペース配分を作り出す効果があります。

2つの締切日を設定すると、自然とその中間日時で作業を終えられる傾向があるからです。

これは心理的に「現実的な目標」と「理想的な結果」のバランスが取れるから、とも言えるでしょう。

さらに、会議やミーティングは「テーマが決まったら終わりにする」というルールを導入するだけでも効率が上がります。

先ほど、「パーキンソンの法則」でご紹介した通り、時間で仕事を区切ろうとすると、その分だけ人は、仕事を無理やり満たそうとするからです。

きっと多くの人がそのような経験に心当たりがあるはず。

もしも「テーマが決まったら終わりにする」というルールが難しいようなら、会議の時間設定を工夫してみるだけでも、意識が変わります。

一般的な30分や1時間ではなく、45分や20分といった少し短い時間を設定するだけで、議題に集中し、効率的に終えることが可能になります。

時計の針に支配される悪習慣③

「ダラダラしない」がもたらす忙しさ幻想

「ダラダラしてはいけない」

「もっと頑張らなければ」

「休んでいる場合じゃない」

こうした自己否定的な思考は、実は私たちの脳に重大な影響を及ぼしています。

カリフォルニア大学の研究チーム（2019年）は、自分に厳しい要求をする人々の脳内活動を観察し、興味深い発見をしました。

常に自分を急き立てる状態では、ストレスホルモンであるコルチゾールの分泌が平常時の最大2・3倍まで上昇したというのです。しかもこれは実際の仕事量とは関係なく、純粋に「自分への厳しさ」によって引き起こされることが判明しました。

さらに、ハーバード・メディカルスクールの研究（2021年）では、持続的なコルチゾールの高まりが、時間感覚の歪みを引き起こし、実際に起こっていること以上に「忙しい」と感じさせ、結果的に生産性を最大40％低下させるという結果が報告されています。

つまり、「ダラダラしてはいけない」という自己否定が、むしろ私たちを「忙しさ幻想」へと追い込んでいるのです。

そんなときは、思い切って「積極的ナマケモノタイム」に切り替えてみてはいかがでしょうか。

「ダラダラするなんて怠け者のすることだ」と思うかもしれません。

ですが、先ほどの研究結果にある通り、むしろ「どうしても集中できない」という状況を受け入れ、自分を追い詰める代わりに「意図的にリセットする時間を取ること」が、結果的に効率を上げるカギになるのです。

なお、「積極的ナマケモノタイム」とは、中途半端に仕事や家事を引きずるのではなく、あえて「何もしない」を選ぶ勇気を持つこと。

「積極的ナマケモノタイム」では、とにかく何もしないで自分を大切にする時間に全力を注ぎます。短い時間でもOKです。完全に手を止めて、自分をリフレッシュさせることを目的とします。

例えば、5分間だけ窓の外を眺める、深呼吸をしてみる、好きな音楽を聴くなど、頭を空っぽにする時間を意識的に作るといったことです。

この「空白の時間」は、脳にとって必要なリフレッシュの機会になります。

集中力は無限に続くものではありません。

人間の集中力の持続時間は約90分が限界だと言われています。

それを超えると、どんなに頑張ろうとしても効率が落ち、結果的に時間が無駄になってしまうのです。

それならば、無理に続けるよりも短い休憩を取り入れたほうが、次の90分間でのパフォーマンスが大きく向上するでしょう。

また、ただの「休憩」と「積極的ナマケモノタイム」の違いは、休むことに対する意識です。**休むことを「怠け」と捉えず、「次に進むための準備時間」と考えるだけで、罪悪感が薄れます。**その結果、休んでいる間もリフレッシュに集中でき、休憩後にはスムーズに仕事に戻れるようになります。

時計の針に支配される悪習慣④

「睡眠不足」がもたらす忙しさ幻想

やらなければならないことが多すぎて、つい寝る時間を削ってしまった。そんな経験を持つ人も多いのではないでしょうか？

確かに、やるべきタスクや締切に追われていると、「少し寝る時間を削ればなんとかなる」という考えが頭をよぎるのも無理はありません。

しかし、その選択は短期的にはタスクを片づけられるかもしれませんが、長期的に見れば、効率を大きく損ねる原因となります。

スタンフォード大学の研究によれば、睡眠時間が6時間未満に減ると、脳のパフォーマンスは著しく低下すると言います。

特に、6時間睡眠を1週間続けた場合、判断力や集中力が2日間連続で徹夜したのと同じ状態になることが分かっています。

この状態では、普段の仕事がスムーズに進むわけもなく、細かなミスや時間の無駄も積み重なります。結果的にさらに多くの労力が必要になるわけです。

さらに、スタンフォード大学のデメント教授が行った研究では、睡眠を24時間取らなかった場合、ドライバーの判断力がアルコール血中濃度0・1%と同等まで低下することが示されました。

これは、米国で飲酒運転として取り締まりの対象となる血中濃度0・08%を超えるレベルです。

睡眠不足が引き起こす悪循環

睡眠不足は、集中力や判断力を低下させるだけではありません。感情を司る扁桃体を過剰に活性化させ、ストレスや不安感を増大させます。この結果、イライラしやすくなり、そうなっては人間関係に影響を及ぼすことも想像に容易いと言えます。

さらに、睡眠中に記憶を整理し、学んだことを定着させる海馬の活動も低下するため、新しい情報の吸収が難しくなります。

また、睡眠不足が続くと、慢性的な疲労が蓄積し、自己効力感の低下にもつながります。「こんなにも頑張っているのに、なぜ成果が出ないのだろう」という思いがストレスとなり、さらに悪循環を引き起こしてしまうわけです。

睡眠はただの休息ではなく、脳と体がリセットされる大事なプロセスです。

「頑張りたい」「間に合わせたい」という気持ちは本当に素敵です。

しかし、その気持ちが自分の休息を犠牲にする形になっているのであれば、少し立ち止まって考えてください。

今日、しっかりと睡眠を取ることで、明日以降のパフォーマンスが格段に向上するとしたら？　大切なのは、「短期的な成功」ではなく「長期的な幸福」です。

「量より質が大事」がもたらす忙しさ幻想

先日、とある映像クリエイターから印象深い言葉を聞きました。

「僕は以前、1本の動画に3ヶ月の時間をかけていました。完璧な作品を作りたくて。でも、それは間違いだったんです。

3ヶ月で1本作るより、1ヶ月で3本作るほうが、圧倒的に成長が早かった。

量は、必ず質に転化する。その気づきが、僕の人生を変えました」

実は、この「質よりも量」という発想には、科学的な裏づけがあります。

認知科学者のアンダース・エリクソンは、世界的な演奏家たちの練習方法を研究し、興味深い事実を発見しました。

一流のバイオリニストたちは必ずしも「完璧な演奏」を目指して練習していたわけではありませんでした。

むしろ、彼らは新しい曲に挑戦し、たくさんの間違いを重ね、失敗を恐れずに演奏を繰り返しました。そして驚くべきことに、「上手くなろう」と意識せずに数をこなした練習のほうが、質を求めて慎重に進めた練習よりも、はるかに大きな成長を生んでいたのです。

この発見は、私たち全ての仕事に通じる真実を示唆しています。

株式会社アースホールディングスの取締役、山下誠司さんは言います。
「私たちは『質』という言葉に縛られすぎています。質を高めようとするあまり、手が止まってしまう。アイデアが浮かばないと机に向かって考え込む。でも、それは実は最も非効率な時間の使い方なんです」

彼は、自身のサロンで画期的な方法を導入しました。美容師たちに「1日で作れるヘアスタイルの数」を競わせたのです。

最初は、「雑な仕事になってしまう」「お客様に失礼ではないか」と、戸惑いの声が上がりました。

しかし、実際に始めてみると、驚くべき変化が起きました。

スピードを意識することで、無駄な動きが自然と省かれ、たくさんの経験を積むことで、かえって技術が洗練されていったのです。

「型」から「芸」へ

これは日本の伝統文化にも通じる考え方です。

茶道や華道、武道の世界では、最初から「完璧」を求めません。まずは「型」をひたすら繰り返す。その反復の先に、自然と「芸」が宿るとされています。

質の高さを目指すことは、決して間違いではありません。**しかし、「質」は、止まることで得られるものではなく、動き続けることで自然と手に入るものです。**

あなたの机の上に、書きかけの企画書はありませんか？

あなたの心の中に、踏み出せないアイデアはありませんか？

今日から、「とりあえずやってみる」という勇気を持ってみる。それだけで、あなたの目の前には新しい景色が訪れます。

時計の針に支配される悪習慣⑥

「全部自分で解決」がもたらす忙しさ幻想

「あと30分で終わらせなければ」

「1時間以内に片づけないと」

こんなふうに時計の針は容赦なく進みます。そして私たちは、この機械的な時間の流れに追われるように、全てを自分で抱え込もうとしてしまいます。

それはなぜでしょうか。

例えば、こんな場面を想像してみてください。

10時からの重要な会議。その直前、幼稚園から「お子さんが熱を出しました」という電話が入ります。時計を見る度に焦りが募り、心臓が高鳴ります。

「私が全部なんとかしなきゃ」

会議まであと何分？　幼稚園までの所要時間は？　帰りの電車の時刻は？
この時、私たちの頭の中は「時間」というものさしでいっぱいになっています。
そして、この「時間との戦い」の中で、
先生に事情を説明し、協力をお願いできることや、
会議の参加者に状況を共有し、理解を得られる可能性や、
同じような経験を持つ仲間がいるかもしれないことなど、
たくさんの「人の力を借りられる可能性」を見失っていくのです。

クロノス時間に支配されると、私たちは「今この瞬間にできること」ではなく、「時計の針に間に合わせること」に必死になってしまいます。

実は、これこそが最大の時間の無駄づかいです。クロノス時間から解放されるためのカギは、「1人で抱え込まない」ことにあります。

人は完璧ではありません。それぞれ得意不得意があり、全てを1人でこなすのは非現実的ですし時間もかかります。「他人に頼ること」は決して悪いことではなく、むしろ忙しさを脱却し、人生の質を向上させるための重要な選択です。

ただし、もしかしたらあなたの頭の中には、

「他人の力を借りるなんてことをしたら、ダメな親だと思われる……」

「人に頼るなんて、私は情けない人間なのかも……」

といった思いがよぎるかもしれません。それも自然なことです。誰しも、他者か

らの評価を気にしない人はいません。

特に子育ての場面では、その気持ちはより一層強くなります。

ですが、ここで立ち止まって考えてみてください。その思いは、本当にあなたの心からの声でしょうか？

例えば、あなたの親しい友人が同じ状況に置かれた時。

「会議があるから、先生に子どもを少し見ていてもらおうと思うの」

そう相談されたら、あなたはその友人を責めるでしょうか？

「なんて母親だ」と非難するでしょうか？　そんなことはないはず。

私たちは他人に対しては優しく、自分に対してだけ、異常なまでに厳しくなってしまいます。

その考え方が負担を増やし、ストレスを生む原因になっていることに気づくべきです。「他人に任せる」「信頼する」という行動は、自分の時間や心の余裕を取り戻すための大切な選択です。

「完璧主義」がもたらす忙しさ幻想

「もっと良くできるはず」

「この表現では足りない」

そうやって完璧を目指す姿は、とっても美しいです。

しかし、その美しさが、時として私たちを迷宮に迷い込ませることがあります。


ハーバード大学の研究チームが、興味深い発見をしています。

「完璧主義者」の脳を観察すると、共通してある特殊な活動パターンが見られるというのです。

それは、「脅威検知システム」の過剰な活性化。つまり、私たちは完璧を目指すあまり、自分の中に「敵」を作り出していたのです。

では、そういった「敵」を生み出す原因は?

「完璧でなければならない」

この思いの根底には、実は「恐れ」が潜んでいます。

ミスを指摘される恐れ。

批判される恐れ。

自分の価値が下がる恐れ。

そして皮肉なことに、この「恐れ」こそが、私たちのパフォーマンスを最も低下させる要因になっているのです。

心理学者のキャロル・ドゥエックは言います。

「完璧を目指す人は、逆説的に、より多くのミスを犯す傾向にある」

なぜなら、完璧への執着は、思考を硬直化させ、創造性を奪い、決断力を鈍らせるからです。

「完了」という、もう1つの扉

完璧への執着がもたらす弊害について、同じような話として、心理学では「ツァイガルニク効果」という現象が知られています。

人間の脳は、「未完了」のタスクに対して、異常なまでにエネルギーを消費するというのです。

完璧を目指して止まることとは、この「未完了」の状態を延長させること。

つまり、私たちの脳は常にエネルギーを奪われ続けます。

だからこそ、完璧を目指すのではなく、まずは「完了」を目指す。

それが80点の仕事だったとしても、とにかく完了を目指す。

そうやって、完璧ではなくまずは完了の扉を目指すことで、息詰まった自分を解放へと向かわせることができます。

時計の針に支配される悪習慣⑧

「大きな目標」がもたらす忙しさ幻想

大きな目標を持つことは、素晴らしいことです。それは、あなたの人生を動かす原動力となり得ます。

しかし、その目標が大きすぎる時、逆説的に「忙しさ幻想」に囚われやすくなります。

「こんなに大きな目標があるのに、今の自分は何をしているのだろう」

「もっと急がなければ」

「時間が足りない」

こうして、焦りが生まれ、「忙しさ」という幻想が強化されていくからです。

では、どうすれば良いのでしょうか。

大切なのは、大きな目標を「小さくとも具体的な一歩」に分解すること。

なぜなら、大きすぎる目標では、なかなか達成感を得られないからです。

「ダイエット」を例に取って説明します。

「10kg痩せる」といった大きな目標を設定すると、なかなか達成感を得られず、志半ばにしてやめてしまうことがほとんどかと思います。

ところが、「1週間で1kg減らす」を目標にすると一気に現実味が出てきませんか？

こんなふうに、短期的で小さな目標のほうが達成感を得やすいのです。

また、1週間で1kgの減量が達成できれば、その成功体験が自信となり、次の目標に向けてのモチベーションが高まります。

大きな目標を1つだけ掲げてしまうと、そこにたどり着けなかった時のダメージが大きくなります。

一方で、目標を小さく細分化し、途中の達成ポイントを複数設けておけば、「これができた」「ここまでは進んだ」と、成果を実感しながら進むことができます。

また、目標に具体的な数値を含ませることも重要です。

抽象的な目標は、達成感が得られにくく、何を優先するべきか迷いやすくなるからです。

①目標を小さく
②達成ポイントをたくさん設ける
③数字を入れて具体的に

この3つを意識することで、目標が達成可能なものになり、できたことを積み上げることで自分の「できた！」を実感しながら進めることができます。

そして最終的には、これらの小さな目標が積み重なり、大きな目標に到達する道筋を作るのです。

「大きな1つの目標」よりも「小さなたくさんの目標」を心がけて、忙しさから解放され、目標に近づく実感を楽しんでください。

第3章
意味のある時間を過ごす時、そこに「忙しさ」は存在できない

なぜ楽しい時間を過ごすと、時間はあっという間に過ぎるのか？

前章では、「クロノス時間」――時計が刻む機械的な時間に支配されないための方法をお伝えしました。

本章では、その先にある「カイロス時間」――心が躍動する、意味に満ちた時間の生み出し方についてお話ししていきます。

大好きな人との会話に夢中になっている時。

心から興味のある本に没頭している時。

わくわくする趣味に熱中している時。

気づくと、あれほど気になっていた時計の針のことを、すっかり忘れていた――。

みなさんにも、きっとこんな経験があるはずです。

「やりたいこと」に没頭している時、不思議なことに「忙しさ」という感覚は消えていきます。

それは、時計で計る「クロノス時間」から解放され、心が躍動する「カイロス時間」へと移行した証なのです。

だからこそ私は考えます。

1日の中で、できる限り多くの「やりたくないこと」を減らし、できる限り多くの「やりたいこと」を増やしていく。

それこそが、「忙しさ幻想」から解放される確かな道筋なのだと。

しかし、現実はそう簡単ではありません。

「やりたいこと」と向き合う時間を作ることは、多くの人にとって大きな課題となっています。

そこでこの章では、「やりたいこと」を実現するための具体的な方法をお伝えしていきます。

あなたの人生を、より意味のある時間で満たすために――。

自分の心と向き合う時、時間は味方になる

「忙しい」という感覚に振り回されない生き方。

それは、「自分を知る」ところから始まります。

私たちの多くは、自分の感情を置き去りにしたまま、毎日を過ごしています。

「これもやらなきゃ」

「あれもやらなきゃ」

「もっと効率よく時間を使わなきゃ」

そうして時間に追われているうちに、自分が本当は何をしたいのか、何を望んで

いるのか、その声を聞く余裕さえ失ってしまうのです。

そして、忙しさとは「心が感じるもの」であることはここまで散々、ご紹介してきた通りです。つまり「心」がいまいち定まっていない状態では、忙しさ幻想は強くなるばかりなのです。


私自身、引きこもりだった頃は、その最たる例でした。

「このままじゃいけない」

「自分を変えなきゃ」

そう焦るあまり、次々と本を読み、知識を詰め込みました。

でも、一向に行動に移せない。

知識は増えるのに、何も変わらない。

そんな自分を責め、さらに追い込んでいく。

時間はあるのに、なんだか忙しく、焦りばかりに襲われる。

その悪循環から、なかなか抜け出せませんでした。

ある時、大きな気づきがありました。

問題は「知識が足りない」ことではなかったのです。

「自分が本当は何を望んでいるのか」

その根本的な部分が、まったくわかっていなかった。それが、すべての停滞の原因だったのです。

自分の感情に正直に向き合い始めてから、不思議な変化が起きました。

日々の選択に迷いが少なくなり、「これで合っている」という確信が持てるようになっていったのです。

「これは本当に自分がやりたいことなのか？」

「この選択は自分を幸せにするのか？」

そんな問いかけができるようになると、おのずと時間の使い方も変わっていきました。

結果として、引きこもりから社会復帰を果たし、今では会社を経営するまでになりました。


この経験から、私は確信しています。

「自分を知る」ことこそが、忙しさ幻想から解放される確かな一歩になるのだと。

では具体的に、どうやって「自分を知る」のか。

その方法を、７つのＳＴＥＰでお伝えしていきます。

自分を知るための７つのＳＴＥＰ

▼STEP1：ネガティブな感情と向き合う

まずは、紙でもパソコンでもいいので、あなたの心の中にある「モヤモヤ」をすべて書き出してみましょう。

難しく考える必要はありません。とにかくモヤモヤしていること、うまくいかないと感じていることでOKです。

「今の仕事が合わない」

「もっと自由な時間が欲しい」

「将来が不安」

など、これらのネガティブな感情は、実は大切なメッセージなのです。あなたが本当は何を望んでいるのか、その手がかりが隠されています。

▼STEP2：問題の核心を見つける

書き出した悩みやモヤモヤを眺めてみると、いくつかの共通点が見えてくるはずです。そこから、「これが解決できれば他も解決できる」という核心的な課題を見つけ出します。

例えば、

「自由な時間が欲しい」「趣味に使えるお金がない」

「資金がなくてやりたいことができない」「生活が苦しい」「将来が不安」

こんなふうにモヤモヤを書き殴ったとします。これらの悩みの共通点は「収入」ですよね。「収入を増やす」ということが、きっと問題の核心なのです。

このように、一見バラバラに見える悩みでも、根本的な原因は意外と似ていることは実に多いです。

▼STEP3：理想の姿を描く

すべての悩み（今回で言うと「収入」の悩み）から解放された自分は、どんな生活を送っているでしょうか。

できるだけ具体的に思い描いてみましょう。

(例)

利便性が高い便利な場所に住める
毎月3万円は趣味に使える
週末は美味しいお店で食事を楽しめる
年に2回は海外旅行に行ける
将来のための貯金も十分にできる

▼STEP4：動機を深める

なぜ、その理想の姿に惹かれるのか。その理由を掘り下げていきましょう。そうすることで、本当の望みが見えてきます。

「利便性が高い場所に住みたい」→通勤時間を減らして自分の時間を増やしたい

「趣味に使いたい」→自己実現の機会を増やしたい
「貯金をしたい」→将来の不安から解放されたい
つまり、本当の望みは「時間」と「自由」と「安心」かもしれません。

▼STEP5：必要なスキルを明確にする

STEP3で見つかった理想の姿になるために、どんな能力が必要でしょうか。
できるだけ具体的にリストアップしてみましょう。

（例）
専門性の高い資格や技術
効果的なコミュニケーション能力
マネジメントスキル
業界の最新動向を把握する力

一　数字を読み解く力

▼STEP6：現在とのギャップを知る

今の自分と理想の自分を比較します。ただし、これは自分を責めるためではなく、成長の道筋を見つけるためです。

(例)

今の月収は30万円。これを月収50万円にしたい。

ところが、専門資格は未取得、

マネジメント経験なし、

業界知識は基礎レベル、

数字への苦手意識がある。

このギャップを埋めるために、必要なのは？
まずは資格取得から始める
部署異動でマネジメント経験を積む
業界セミナーに定期的に参加する

▼STEP7：未来をビビッドに想像する

『7つの習慣』（キングベアー出版）の著者、スティーブン・コヴィーは言います。

「すべてのものは二度創造される。まず頭の中で、次に現実に」

頭の中でより具体的に描けたことから、現実になっていきます。

これは何も怪しい話をしているわけではありません。

「なり方」や「やり方」が分かるから、具体的に描けるのです。

そこで、理想の未来をより具体的に思い描くために、「妄想ヒーローインタビュー」という方法をお試しください。

「夢が叶った今、どんな生活を送っていますか？」

「その瞬間、どんな気持ちでしたか？」

「周りの人はどんな反応を見せましたか？」

このように、未来の自分へのインタビューを想像することで、目標がより鮮明になり、行動の道筋が見えてきます。ただし、この段階で行動できなくてもご安心を。ここから先、行動に移す方法にも触れていきます。

また、これらのSTEPは、一朝一夕に完了するものではありません。

少しずつで大丈夫です。

この「自分を知る」プロセスこそが、「忙しさ幻想」から解放され、本当に意味のある時間を過ごすための第一歩となります。

「やりたいこと」は線で見つけず、点で見つける

最近、「やりたいこと」の定義が、少しずつ歪められているように感じます。

「やりたいことで稼がなきゃ」

「インパクトのあることをしなくちゃ」

「すごいことじゃないと」

このように「べき」や「ねばならない」が、いつの間にか「やりたいこと」に紛れ込んでいるのです。

本来、「やりたいこと」には、そんな義務は存在しないはずです。

「やりたいこと」とは、あなたの心が自然と向かいたい方向であり、純粋に「やってみたい」と感じる行動のはずなのです。

そこで、まずは「やりたいこと」の本来の意味を取り戻すべく、この「やりたいこと」が示す本当の意味をしっかり捉え直してみましょう。

「やりたいこと」には、2つの種類があります。

1つは「点の挑戦」

これは、小さな好奇心から始まる挑戦です。

新しい趣味を始めてみたり、行ったことのない場所に出かけてみたり。

見つけやすく、始めやすいのが特徴です。

もう1つは「線の挑戦」

大きな目標に向かって、継続的に取り組む挑戦です。

新しいビジネスを始めたり、キャリアを変えたり。
成功すれば大きな変化をもたらしますが、それだけに覚悟も必要になります。

私は、ここで言う「線の挑戦」がそのまま「やりたいこと」になってしまったことが、冒頭の「べき」や「ねばならない」が、紛れ込んだ理由だと考えています。
「線の挑戦」の裏側には、「大きなことをしなければならない」という思い込みが隠れているからです。

かく言う私も、引きこもりだった頃は、「大きなことをしなければ」という思い込みに囚われていました。社会を変えるような願いでないと、「やりたいこと」に認定してはいけないと思っていたのです。

そんなわけはありません。
もう一度言うように、「やりたいこと」とは、あなたの心が自然と向かいたい方向

であり、純粋に「やってみたい」と感じる行動です。

では、そういった純粋な思いはどのように取り戻せばいいのでしょうか。

私がおすすめするのは、まず「点の挑戦」から始めることです。

そうやって小さな「やってみたい」を次々と試していくと、「これだ！」という確信に出会えることがあるでしょう。それを「線の挑戦」に発展させていけばいいのです。

まずは、「～しなければ」「～でないと」という思考を手放してください。

代わりに、純粋に「興味があること」に目を向けてみましょう。

あなたの日常の中にある小さな興味。

気になる本を手に取ってみる。

新しい道を歩いてみる。

友人に勧められたお店に行ってみる。

もしくは先ほどのトピックのSTEP6であぶり出した項目でも、それが「点の挑戦」に感じるなら結構です。

これらは、どれも小さな挑戦です。

でも、その1つ1つが、あなたの世界を少しずつ広げていきます。

「線の挑戦」への発展

そうして小さな挑戦を重ねていく中で、自然と変化が訪れます。

「もっと深く知りたい」

「これを極めてみたい」

そんな気持ちが芽生えてくることがあるのです。

それこそが、「線の挑戦」のスタートラインです。
この時、大切なのは焦らないこと。
楽しみながら続けること。
そして、必要に応じて軌道修正をしていくこと。

こうして、小さな「点」が少しずつつながり、やがて大きな「線」となっていく。
それが、本当の意味での「やりたいこと」の見つけ方なのです。

やらなくてはいけないことの中の
やらなくていいこと

「プロジェクトを立ち上げたい」

「フリーランスとして独立したい」

「自分のブランドを作りたい」

「線の挑戦」を見つけた先で、こんな夢を描くとき、私たちはつい、順風満帆の未来だけを想像してしまいます。


でも実際には、その道のりには「やりたくないこと」も必ず含まれています。

私自身も「本を出す」という挑戦をする道のりの中に、「契約書の確認」や「事務作業」など、「やりたくないこと」にたくさん出くわしました。

こんなふうに「やりたくないこと」に直面した時、「やっぱりこれは、私のやりたいことではなかったのかも」と諦めてしまう方がいます。

それはとっても、もったいないことです。

もちろん大きな線を描き続けるためには、それら「やりたくないこと」を乗り越える必要があります。

ただし、やりたいことの過程で生まれた「やりたくないこと」であれば、なんでもかんでも向き合う必要があるのかと言えば、そうとは言い切れません。

やらなくてはいけない「やらなくてはいけないこと」なのか、

やらなくてもいい「やらなくてはいけないこと」なのか。その2つに整理整頓でき、しかもその判断基準は意外にも、非常にシンプルなのです。

最終的なゴールから見て、それは必要不可欠なプロセスかどうか。その一点を見

ていけばいいからです。

例えば、「カフェを開きたい」という夢がある時。

経理の勉強は確かに必要不可欠と言えるでしょう。

「お金の流れ」が把握できなければ、お店はうまく運営できないからです。

一方、インスタグラムの運用が苦手だからと、それに膨大な時間を費やすことは、カフェ経営にとって無駄になる可能性が高いと言えます。

SNSはカフェ経営にとって不可欠なものではないからです。

つまり、SNSが苦手だからと言って、線の挑戦が途絶えるわけではないのです。

このように、最終ゴールから逆算して考えることで、本当に必要な「やりたくないこと」と、無理に取り組む必要のない「やりたくないこと」が、はっきりと区別できるようになります。

「やりたくないこと」を見極める具体的な方法

私自身、会社を経営する中で、数多くの「やりたくないこと」と向き合ってきました。その経験から、実践的な見極め方をお伝えします。


まず、紙に2つの円を描いてみてください。

大きな円の中に、小さな円を描きます。

内側の円には、あなたの「最終ゴール」を書きます。

例えば、「自分の店を持つ」「作家として生きる」など。これが、あなたの目指す本質的な目標です。

外側の円には、そこに至るまでに必要そうな要素を書き出します。
「経理の知識」「人脈作り」「SNSの運用」など。
思いつくものを、遠慮なく書いていきましょう。

そして、それぞれの要素について問いかけます。

「これがなくても、内側の円は達成できるだろうか？」と。

例えば、カフェ経営が夢なら……
経理の知識↓必須
接客の技術↓必須
SNS運用↓なくても可能
高度なラテアート↓なくても可能

このように仕分けていくことで、「避けては通れないやりたくないこと」と「なくても本質的には問題ないこと」が明確に見えてきます。

そして最も重要なのは、この作業を定期的に見直すこと。

なぜなら、時代や状況の変化によって、「必須」の定義も変わっていくからです。

このように、常に本質と向き合い続けることで、無駄な「やりたくないこと」に時間を奪われることなく、本当に必要な課題に集中できるようになるのです。

「やりたいこと」があるのに動き出せない3つの理由

やりたいことがある。目標がある。夢がある。
それなのに、なぜか一歩目が踏み出せない。
これには3つの深い理由があります。

行動を起こしたいのに起こせない。
その大きな要因の1つが、「失敗に対する恐れ」です。
特に日本の文化では、失敗に対して非常に厳しい社会的評価が根づいています。

失敗は「恥ずかしいもの」「避けるべきもの」「してはいけないもの」として捉えられがちです。その結果、挑戦をためらい、リスクを避けることが安全だと考える傾向が強くなります。

例えば学校や職場で、「間違えることは悪いこと」というメッセージを何度も受け取っていると、「正解を求めること」ばかりに意識が向き、新しいことへの挑戦が恐怖に変わってしまいます。

しかし、ここで考えてみましょう。

「失敗しないこと」は、本当に望ましいことなのでしょうか?

実は、失敗を完全に避けることこそが、最大のリスクかもしれません。

なぜなら、新しい発見は失敗から生まれ、失敗を乗り越えることで成長し、本当の自信は失敗を克服することで得られるからです。

言い換えれば、失敗を恐れるあまり挑戦しないことは、成長の機会を自ら放棄し

ているようなものなのです。

「失敗のない人生」は、「挑戦のない人生」であり、それは「成長のない人生」でもあります。だからこそ、私たちは失敗を恐れすぎず、むしろそれを学びの機会として捉え直す必要があるのです。

2つ目の理由は、「コンフォートゾーン」の居心地の良さです。

コンフォートゾーンとは、私たちが安心感や安定感を得られる行動範囲や習慣のことを指します。このゾーンの中では、特別な努力をしなくてもストレスが少なく、比較的快適に過ごせます。

しかし、この快適さが、行動を起こすことの大きな障壁となることもあります。

人間が無意識に最優先すること、それは「死なないこと」です。

私たちの本能は、生命を維持するために現状を保とうとします。

この「現状維持」を望む心の働きは、安心感や安全をもたらす一方で、新しい挑戦へのブレーキにもなります。

未知の領域は脳にとって危険信号を意味します。そのため、「現状のままでいい」「今のままが安全」と無意識に感じ、行動を起こすことに抵抗を覚えるのです。

しかし、実は現状維持を選び続けることは、必ずしも安全ではありません。

むしろ、現状維持とは静止していることではなく、ゆるやかな衰退を意味します。

社会は絶えず変化し、私たちを取り巻く環境も進化しています。その中で、現状を維持するためにも、学びや変化を受け入れる努力が必要なのです。

そして3つ目の行動を起こせない理由が「豊かだから」です。

行動を起こすには、強い想いが必要です。

行動の原動力は感情の強さなのです。

ただ、最近は、そこまでの感情が生まれるまでには至らない方が多いように見受けられます。その理由の1つが、「豊かさ」にあると考えています。

日本は、かつて物資が乏しい時代を経験しました。

その頃、人々には「もっと良い生活をしたい」という強い渇望感がありました。何もない状況だからこそ、目標に向かって必死に努力する力が生まれたのです。


ところが現代ではどうでしょう？　物理的には何も不足していません。

食事、住まい、インフラ——私たちは何もしなくても、必要最低限以上のものが手に入る環境に生きています。この「豊かさ」が、ある種の安心感や安定感をもたらす一方で、行動を起こす必要性を感じにくくさせているのです。

「何かを変えなければ」という切迫感がなければ、人はなかなか動き出すことができません。今の生活に大きな不満がないと感じていれば、あえて新しいことに挑戦する理由も見つからないでしょう。

豊かさが、「現状のままでもいっか」という感覚を私たちに植えつけているのです。

このように、豊かさそのものが行動の妨げになるパラドックス（逆説）を抱えているのが、現代の私たちの社会です。

大切なのは、自分が行動を起こせない理由を正直に見つめることです。そして、このトピックで紹介した「動き出せない理由」を含む、あらゆる原因がやはり幻想だと気づくこと。それが見つめ直すべき第１歩です。

「ドリームキラー」という言葉をご存じでしょうか？

これは、人の夢を邪魔する存在を指します。

そして、最大のドリームキラーは、他でもない私たち自身です。

自分が自分の夢を阻んでいる。動き出そうとする自分を一番邪魔しているのは、自分の中にある「行動を妨げる声」なのです。

やりたいはずなのに、諦めてしまうのはなぜ？

私たちは誰もが、新しい目標を掲げる時、最初は意気込んでスタートします。

しかし、気がつけば気持ちが萎え、途中で挫折してしまう。そんな経験を繰り返します。

でも、実はこれは自然なことなのです。

スタンフォード大学の研究によれば、何かを真に継続できる人は全体のわずか1割程度だと言われています。

なぜでしょうか？

それは、人間の脳が「即時的な満足」を求めるよう設計されているからです。将来の大きな利益よりも、目の前の小さな快楽を選んでしまう。これは、私たちの生存本能として組み込まれた性質なのです。

健康のために運動を始めても、「今日は疲れたから」と休んでしまう。資格取得の勉強より、スマホの動画に時間を使ってしまう。朝型生活を目指しても、「あと5分寝たい」が止まらない。

この「目先の欲求」は、まるでドラッグのようなものです。一時的な満足は得られますが、それは長期的な幸せとは異なります。

では、どうすれば本当の意味での継続力を身につけられるのでしょうか。私は次の3つの科学的根拠に基づいた方法で、継続力を身につけました。

▼継続力を身につける方法1・「極小の一歩」から続ける

スタンフォード大学の行動科学者、BJ・フォッグ博士の研究によれば、持続可能な行動変容には「小さな成功体験の積み重ね」が不可欠だと言います。

具体的には、以下のようにバカバカしいほど小さなステップから始めるようにすることが効果的とされています。

「毎日1時間運動する」↓「運動着に着替えるだけ」
「毎日本を1冊読む」↓「本を1ページ開くだけ」
「毎朝6時に起きる」↓「目覚まし時計を5分だけ早める」

一見、これらの小さな行動は「意味がない」と感じるかもしれません。しかし実は、この「小ささ」にこそ、革新的な効果があるのです。

それは、

脳が「できそう」と感じる＝抵抗が少ない
失敗してもダメージが小さい＝再挑戦が容易
わずか30秒で達成できる＝毎日続けやすい

という3つの条件が揃うからです。

例えばウォーキングを習慣にしたい人は、いったん靴ひもを結んでしまえば、「せっかくだから少し歩いてみよう」という自然な流れが生まれやすくなります。

このように、「できないことへの大きな挑戦」ではなく、「必ずできる小さな一歩」から始めることで、持続可能な習慣作りが可能になるのです。

これは「タイニーハビット理論」と呼ばれ、成功率が5倍以上高まるとされています。

▼継続力を身につける方法2・「既存の習慣」に紐づける

スタンフォード大学の研究では、驚くべき発見がありました。新しい習慣を既存のルーティンに紐づけることで、継続率が3倍になるというのです。

私たちの脳は、新しい習慣をイチから作るのは苦手です。**しかし、すでにある習慣に「付け足す」のは得意なのです。**

・朝一番のコーヒーを入れながら、今日の予定を見直す
・通勤電車で読書しながら、新しい単語を3つ覚える
・お風呂上がりのスキンケアをしながら、簡単なストレッチ

つまり、「○○のついでに」という形で新しい習慣を追加すると、脳は「これも日課の一部」として自然に受け入れやすくなります。

この「紐づけ」という方法は、新しい習慣を既存の生活リズムにスムーズに溶け込ませる、最も効果的な方法の1つなのです。

▼継続力を身につける方法3・「即時の小さな褒美」を用意する

プリンストン大学の神経科学研究チームが、人間の脳は、「3年後の昇進」のような大きな報酬よりも、「今日のちょっとした褒美」のほうに強く反応すると発表しています。

これは、私たちの脳の「報酬系回路」の特徴によるもの。

即時の小さな喜びは、脳内の「ドーパミン」という神経伝達物質の分泌を促し、その行動を「気持ちの良いもの」として記憶させるのです。

・30分間のデスクワークの後に、お気に入りのコーヒーを淹れる
・10分の英語学習を終えたら、好きなYouTube動画を1本見る

・15分のストレッチを終えたら、SNSで「達成」を共有する
・朝活成功後に、ちょっと贅沢な朝食を楽しむ

重要なのは、この「褒美」が、すぐに得られ、自分にとって本当に嬉しいものであり、習慣としたい行動に見合う大きさであることです。

例えば、5分の運動に対して「豪華なディナー」は大きすぎますし、1時間の集中作業に対して「深呼吸1回」は小さすぎます。

適度な大きさの即時の褒美を用意することで、脳は自然とその行動を「楽しみ」として認識し始めます。こうして気がつけば、その行動自体が「心地よい習慣」として定着しているのです。

平穏な日常が変わってしまう
恐怖とどう戦うか？

”

人が溢れた交差点を
どこへ行く？（押し流され）
似たような服を着て
似たような表情で…
群れの中に紛れるように
歩いてる（疑わずに）
誰かと違うことに

何をためらうのだろう
先行く人が振り返り
列を乱すなと
ルールを説くけど
その目は死んでいる
君は君らしく生きて行く自由があるんだ
大人たちに支配されるな
初めから そうあきらめてしまったら
僕らは何のために生まれたのか

〝

これは私が当たり前や常識にのまれそうになった時にいつも聞いている欅坂46の楽曲「サイレントマジョリティー」の歌詞の一部です。

私たちはそれぞれが、社会を形成している1人です。

誰かの親であったり、誰かの上司であったり、誰かを雇う経営者であったり、その形は様々ですが、それぞれに社会的人格があるわけです。

そして、そんなふうに自身に社会的人格があることが、「やりたいこと」を邪魔することがあります。社会的人格には「好き勝手に生きるわけにはいかない」という思いがあるからです。

ですが、実は「やりたいこと」ができないことと、社会的人格を持っていることは、さほど関係ないことがほとんどです。

例えば、

「子どもがいるから、自分の好きなことをする時間がない」

「会社員だから、やりたいことに挑戦できない」

という理由で「やりたいこと」を諦めている場合。


これって本当にそうでしょうか？

世の中には、子育てをしながら夢を追いかけている人も、会社に勤めながら副業や趣味を楽しんでいる人もたくさんいます。

彼らは、日々の時間の使い方を工夫し、やるべきことの中にやりたいことを組み込むことで、充実した生活を実現しているのです。


やりたいことを実現している人たちの共通点は、はじめから「どうせ無理」という思い込みをせずに、

「もしできるとしたら、どうやったら実現できるのか？」

と考えています。

もっと言うと、「当たり前の見直し」をしているのです。

例えば、毎日やっている家事のルーティンを見直してみる、ということ。

洗濯や掃除を毎日やるのが当たり前になっているけれど、本当に毎日やる必要があるのか？　という具合に。

3日に1回に減らしても問題は起きないかもしれません。

あるいは、仕事で作成する資料のクオリティに対して、「このレベルまでこだわらないといけない」と思い込んでいるけれど、実際には求められているのは完璧さではなく、シンプルでわかりやすいものかもしれません。

このように、無意識に作り上げた「べき論」に縛られている部分を見直すだけで、時間の余裕が生まれる可能性があります。

ポイントは、現在の生活の中で「問題にならないギリギリのラインを攻める」という視点を取り入れること。

そうやって「これくらいで十分なのかも？」というラインで試してみることで、意外と今まで自分が勝手に作り上げていた「完璧にやらなければいけない」という幻想に気づけます。

何よりも大切なのは、今までの生活リズムを無理やり変えて、「プラスアルファ」で新しいことを詰め込もうとしない、ということです。

なぜなら、1日は24時間と決まっているからです。

今までの生活をそのままに、隙間時間を捻出しようとすると、必ず破綻が訪れます。

できない日が増え、自己嫌悪に陥り、「自分はダメな人間だ」という負のループに陥ってしまうのです。

本当に必要なのは、「生活そのものの見直し」です。

冒頭の「サイレントマジョリティー」の歌詞に戻りましょう。

「似たような服を着て、似たような表情で」

私たちは知らず知らずのうちに、「当たり前」という名の箱の中に、自分を閉じ込めていないでしょうか。

「誰かと違うことに、何をためらうのだろう」

毎日の掃除は本当に必要？

完璧な資料は求められている？

これらの「当たり前」を疑う勇気を持つこと。それが、本当の意味で「やりたいこと」のための時間を生み出す必要な一歩です。

「君は君らしく生きて行く自由があるんだ」

この歌詞の通り、私たちには自分らしい生き方を選ぶ自由があります。

大切なのは、その自由を使って、本当に必要なものと、手放せるものを見極めること。そうすれば、「やりたいこと」は、もう遠い夢ではなくなるはずです。

「TO DOリスト」を「WANT TOリスト」に書き換える

多くの人が「TO DOリスト」を活用して日々を効率的に過ごそうとします。

しかし、そんな「TO DOリスト」が、多くの人を忙しさの森に迷い込ませているのです。

なぜなら、「TO DOリスト」とは、言い換えれば、「やらなければならないことリスト」だから。

やらなければならないことばかりで日常が埋め尽くされていると、いつしかその束縛感が「忙しさ」という幻想を作り出し、私たちを圧迫し始めます。

先延ばししてしまうのも、タスクの中に「本当にやりたいこと」が含まれていないからかもしれません。

そこで提案したいのが、「TO DOリスト」ではなく「WANT TOリスト」で1日を生きるという考え方です。

「WANT TOリスト」とは、自分が本当にやりたいことや未来に向けての行動を楽しく日常生活の中の行動に落とし込むためのリストです。

書き方はとてもシンプル。

WANT TOリストの作り方

まずは、今日1日、あなたの頭の中にあることをすべて書き出してみましょう。

・仕事のタスク

・家事の予定
・買い物リスト
・やってみたいこと
・未来のための一歩

この時、「重要度」や「優先順位」は考えなくて大丈夫です。とにかく頭の中身を、思いつくままに書き出していきましょう。

▼STEP1：時間の解放

先ほど書き出したリストを、以下の2項目に分類してください。

「今日じゃなくてもいいかも」↓具体的な期日を書き込む
「私じゃなくてもいいかも」↓誰に頼めるか書き込む

▼STEP2：今日の「WANT」を見つける

リストの残りを、以下の2項目に分類してください。
絶対にやりたいこと↓★マーク
未来につながること↓☆マーク
をそれぞれつけていきます。

▼STEP3：楽しい順番を考える

マークをつけた項目を中心に、どんな順番で進めると1日が楽しくなるか考えます。

例えば……
・好きな作業の前後に苦手な作業を挟む
・午前中は創造的な仕事、午後は定型作業
・短時間で終わる簡単なことを間にちりばめる
などです。

▼STEP4：達成を祝う

1つ終わるごとに、心から「よっしゃー！」と喜びながら○《マル》をつけていきましょう。小さな達成の積み重ねが、あなたの「自分はやればできる！　という感覚」を育てていきます。

▼STEP5：未完了を受け入れる

その日にできなかったことは、罪悪感を持たず、さらっと翌日のリストに移します。これは「失敗」ではなく、「時間の使い方の選択」なのです。

私自身、これまで夢や目標を実現するために様々なノート術を研究してきました。その中で気づいたのは、「やりたいこと」を明確にし、それを日常に組み込むことの大切さです。

私たちは、忙しさの中で自分の「WANT」を見失いがちですが、それを取り戻すことができれば、日々の充実感は格段に変わります。

「WANT TO」という意識でリストを作成することで自然と優先順位が変わり、「やらなければならないこと」に追われる生活から、「やりたいことを楽しむ」生活へとシフトしていきます。

またこれができるようになると「やらなきゃいけない」という感情も消え、どんなやることにもポジティブな感情を持つことができます。

たとえ同じ1日であっても、その視点の変化が心の余裕を生み、次の日を迎える感情がポジティブなエネルギーに変わっていくのです。

なお、カイロス時間を生きるための方法は、次の章でもさらに詳しく触れていきます。読書によって人生を濃厚にしていく方法を書きましたので、そちらもぜひ参考にしてください。

情熱は大きな炎から小さな灯へ

「胸を張って生きろ
己の弱さや不甲斐なさに
どれだけ打ちのめされようと
『心を燃やせ』
歯を喰いしばって前を向け」

これは、映画や漫画で多くの人の心を震わせた、煉獄杏寿郎の言葉です。

私もまた、その言葉に心を突き動かされた1人です。

「心を燃やせ」

そう誓い、情熱を燃やし、大きな炎を育てることで夢を叶えることができる。かつての私はそう思っていました。

しかし、現実はそう甘くはありませんでした。

どんなに情熱を燃やしても、目の前に立ちはだかる壁にぶつかるたび、私の心の炎はあっという間に小さくなってしまったのです。

最初は、やりたいことをやろうと意気込んで、ポジティブな言葉を聞き、やる気を高める本を読んでは奮い立ち、またすぐに燃え尽きる。その繰り返しでした。

一方で、同じように夢や目標を持ちながらも、長期にわたって着実に行動を続けている人たちがいます。

彼らは決して、短期間で情熱を爆発させるわけではありません。それなのに、気がつけば成果を積み重ね、目標に向かって確実に進んでいる。

彼らと私の違いはどこにあるのか？

なぜ彼らは、長い時間をかけても情熱を絶やさず、前に進み続けることができるのか？

私には、行動を成果に変える才能がないのかと思い、どうやったら情熱を維持しつづけ成果を上げることができるのか先輩の経営者に尋ねました。

その答えはとてもシンプルで「情熱を細く長く燃やすこと」にありました。

情熱は、一度に燃え上がる炎のように燃やしてしまうと、すぐに尽きてしまいます。燃え尽きないためには、着火し続けることが大切なのです。

そのために、私は次の5つのポイントを意識するようになりました。

①情熱を細く長く燃やすことで、持続することを意識する。

やる気やテンションに合わせて一気に燃やそうとせず、小さな炎を絶やさず、どんな時も炎を灯しているという意識をすること。

②情熱が小さくなっても、「消えているのではなく、細く燃えているだけ」と認識すること。

どんなに頑張っていても停滞期は必ずやってきます。行動が停滞したとしても、それは情熱が消えたわけではありません。燃え続ける火種を意識しながら、行動の足は止めないことが大切だとわかりました。

③大きく燃やしたいと思ったら、行動している人と一緒にいたり、映画や本から熱量をもらったりすることを計画的に行う。

自分1人では情熱の火を維持することは難しいものです。そういう時は、刺激を受ける環境に身を置くことで、自分の火をさらに大きく燃やすことができます。

④細く長く燃やすためには、小さな振り返りをして、積み上がっていることを実感する。

大きな変化ばかりを求めるのではなく、日々のできていることをしっかりと振り返ること。人は自分の成長を実感できないと続けられません。そのためにも振り返りの時間を作ることが心の火を細く長く保つ秘訣です。

⑤コンロのように炎の大きさを調整する。

常に全力で燃やし続けるのではなく、時にはペースを落として炎を調整することも必要です。状況に応じて、自分の情熱のバランスを取ることが、長期的な成功につながります。

私たちはつい、「大きな成果」「速い変化」「劇的な進歩」を求めがちです。

そして、それが思うように進まない時、「自分はダメだ」「もっと頑張らなきゃ」と追い込んでしまう。

しかし、本当に大切なのは、その情熱の大きさではありません。

どれだけ小さくても、その炎を消さないこと。

それこそが、充実した意味のある時間を生きるための核心なのです。

第4章
人生をもっと濃厚で、もっと意味のあるものにする読書術

読書を通して2000年前のソクラテスと対話する

「今の時代に、なぜ本を読むのか?」
そんな問いに、私は迷わず答えます。

本を読むことは、人生の「濃度」を高める行為だからです、と。

私たちは今、大きな転換期にいます。
日本の「20世紀型成長社会」は、1997年を境に終焉を迎えました。

戦後の復興から始まり、1950年代半ばの高度成長期、1980年代後半のバブル景気と、右肩上がりの成長を続けてきた日本。

しかし、1990年代初頭のバブル崩壊、1997年の山一證券の破綻、そして1人当たりのGDPの下降と、成長社会は確実に幕を閉じたのです。

そして私たちは今、まったく新しい時代――「成熟社会」に足を踏み入れました。


かつての日本には、誰もが共有する「幸せのテンプレート」がありました。

良い学校、良い会社、結婚、マイホーム……。

この順序で進めば、おおよその幸せは約束されていました。


しかし、何もかもが過渡期を迎えた、この成熟社会では、モノはすでに溢れており、「みんな一緒」の幸せが崩壊し、「正解」が1つではなくなり、自分で「幸せ」を定義する必要があります。

つまり「幸せのテンプレート」が消滅したわけです。結婚も、子育ても、キャリアも、すべてが「選択」の対象になったのです。

「自分にとっての幸せとは何か？」

「どんな人生を送りたいのか？」

「何を大切にして生きていくのか？」

「幸せのテンプレートの消滅」は、私たちにこれらの大きな課題を突きつけます。

ただし残念ながら、スマートフォンの検索ではこの問いに関する答えは見つかりません。

なぜなら、そこで得られる情報の多くは、メディア研究者・マクルーハンが指摘した「クールメディア」——受動的に消費される浅い情報に過ぎないからです。

SNS、動画配信サービス、ニュースアプリ。

これらは確かに手軽で、即座に情報を得られます。

しかし、その情報は時として、表層的で深みがなく、考える余地を与えてくれず、他者の答えを鵜呑みにしやすい、という特徴を持っています。

これでは人々が「機械的な時計の時間（クロノス時間）」を生きる可能性が高まってしまいます。


では、どうすればその流れに抗えるのか。

それが「読書」というわけです。

本には、ただの「情報」以上のものが詰まっています。


例えば、哲学書を読む時。

私たちは2000年以上前のソクラテスと対話し、「幸せとは何か」「正しさとは何か」という普遍の問いに向き合います。

その思考の過程で、私たち自身の価値観や判断基準が鍛えられていくのです。

例えば、小説を読む時。

私たちは主人公の人生を追体験し、自分とは異なる価値観や生き方に出会います。

その体験は、「正解が1つではない」この時代を生きる上での、かけがえのない羅針盤となります。

例えば、ビジネス書や実用書を読む時。

それは単なるハウツーの習得ではありません。先人たちが、どのように問題を捉え、どのように解決策を見出したのか。その思考プロセスそのものが、私たちの判断力を磨いていくのです。

ところが、現代社会には「本を遠ざける」要因が溢れています。その最たるものが、私たちの多くが囚われている「忙しさ幻想」です。

「本を読む時間なんてない」

「今は余裕がない」

「落ち着いたら読もう」

そんな幻想でしかない「忙しさ」と戦っているからこそ、現代人は情報を「すぐに」得たいし、結果は「即座に」欲しいし、学びは「短時間」で完結させたいと考えています。

しかし、人生を本当に豊かにする学びに、そんな近道はありません。

でも、残念に思わないでください。

この章では、私が読書インフルエンサーとして年間240冊を読破しながら発見してきた、
・本を読む時間の見つけ方
・思考力を読書から身につける方法
・行動力を読書から身につける方法

・孤独を拭うための読書法

をお伝えしていきます。

時計の針を気にせず本の世界に没入する喜び。

そして、その体験があなたの人生を、より豊かな物語に変えていく過程。

それを、あなたにも感じていただきたいのです。

年間240冊を読む時間は、どこにある？

「菜瑞さんって、本を読む時間はどうやって作っているんですか？」

こんな質問をよく受けます。

年間240冊。単純計算で1・5日に1冊のペース。

確かに、一見すると非現実的な数字に思えるかもしれません。

でも、その考え方を、まず転換していただきたいです。

読書の時間は「見つかるもの」ではなく、「作るもの」なのです。
そして、逆説的ですが、時間に追われる人ほど、本を読んだほうがいいし、時間がないと感じる人ほど、本を読む時間を作らなければならないとも考えています。

それは、読書には「時間を生み出す力」があるからです。

例えば、仕事術の本を読んで実践すれば、問題解決力が上がり余裕が生まれるし、心理学の本を読んで実践すれば、無駄な悩みの時間が減ります。
そうすれば、無駄に消費していた時間を取り戻すことができます。

まず意識的に「読書の時間」を作る
↓そこで得た知識を実践する
↓実践により効率が上がり、新たな時間が生まれる
↓その時間でさらに読書ができる

この好循環が、あなたの人生に「時間の余裕」を作り出していくのです。

ケンブリッジ大学のバーバラ・サハキアン教授の研究によれば、人は1日に3万5000回もの決断を下しているそうです。

その1つひとつの決断が、あなたの時間を消費しています。

しかし、読書によって得られる知恵は、判断のスピードを上げ、選択の質を高め、後悔や手戻りを減らし、結果として、あなたの人生により多くの「余白」を生み出します。

なお、「考える時間」と「悩む時間」は、まったく異なります。

「悩み」は思考を止め、時間を奪います。

一方、「考えること」は行動を生み、時間を作り出します。

私が年間240冊読めるのは、決して特別な時間管理術があるからではありません。

読書そのものが、私の時間を作ってくれているのです。

では、具体的に、「意識的に読書時間を作る方法」をご紹介します。

読書の時間を作る、具体的な方法

- 通勤電車の中の30分
- 昼休みの後半15分
- 寝る前のスマートフォンを見る時間
- 移動中の待ち時間
- 休日の朝の静かな時間

など、最初の一歩として、1日の中で小さな「エアポケット時間」を見つけることから始めましょう。これらの時間は、「ない」と思い込んでいるだけで、実は私たちの日常に必ず存在しています。

しかし、ここで重要なのは、「見つける」だけでなく「守る」こと。

そのために、私は「読書の時間」を、スケジュール上の「アポイントメント」として扱うことをおすすめしています。

例えば、

「7:30-8:00 通勤電車で読書」
「12:45-13:00 昼休み読書」
「22:00-22:30 就寝前読書」

このように、具体的な時間を決めて「WANT」の1つとして書き込むのです。

それは、自分との大切な約束。友人とのランチの約束をキャンセルしないように、この時間も守るべき大切な予定として扱いましょう。
さらに、この習慣を確実にするためのコツをお伝えします。

▼本を常に持ち歩く

電子書籍なら、スマートフォン1台で何冊でも持ち運べます。紙の本なら、「カバンに1冊」を習慣に。

▼場所と本をセットにする

通勤電車では「文庫本」、デスクでは「ビジネス書」、寝室では「エッセイ」など、読む場所と本のジャンルを紐づけると習慣化しやすくなります。

▼15分ルールを作る

どんなに忙しい日でも、最低15分は読書すると決めてしまいましょう。

「15分」は、「できない」という言い訳が通用しない時間です。
この小さな積み重ねが、大きな違いを生みます。

▼読書の環境を整える

お気に入りの場所を作る、適度な明るさを確保する、スマートフォンは少し離れた場所に置く、など、自分を変えるのは大変なので、環境を変えましょう。

そして最も大切なのは、この時間を「投資」として捉えることです。

単なる「趣味の時間」ではなく、あなたの人生をより豊かにするための「種まきの時間」なのです。

この「投資」がやがて、「より効率的な仕事」や、「より賢明な判断力」や、「より深い人生の理解」をもたらし、結果として「時間の余裕」を生み出していきます。

読書離れが奪う「思考力」という宝物

文化庁の2023年度「国語に関する世論調査」が、衝撃的な事実を明らかにしました。1ヶ月に1冊も本を読まない人の割合が、実に62・6%。日本人の3人に2人が「読書ゼロ」という現実です。

この「読書離れ」は、私たちから大切なものを奪っています。

それは「思考力」という、かけがえのない宝物です。

筑波大学の逸村裕教授による実験が、そのことを如実に示しています。

「英語の早期教育は必要か」というテーマで、読書習慣のある学生とない学生に小論文を書かせたところ、その差は歴然でした。


読書習慣のない学生は、情報を集めてはコピー&ペーストするだけ。

一方、読書習慣のある学生は、深い考察と明確な意見を展開したと言います。


この違いは、私たちの日常生活にも大きな影響を及ぼしています。

まずはなんと言っても、この本で何度も書いてきた通り、「忙しさ幻想」に巻き込まれてしまう、ということです。

思考力がなくなってしまっては、目の前のタスクが自分の人生にとって本当にやるべきことなのかどうかを疑うことができません。

こうして、「やらなくてもいいこと」に時間は削がれ、忙しさ幻想に巻き込まれていくわけです。

また、思考力の低下は日常会話にも支障をきたします。

「○○らしいよ。よく分かんないけど」

「へー、そうなんだ。やばいね」

こんなふうに、思考力が低下すれば、人から聞いた単なる噂話をすぐに真実として信じ込んでしまい、他人の意見と自分の意見の境目がなくなっていきます。会話はどんどん表層的なものになっていくでしょう。

こうして、判断力は鈍化し、創造性は低下し、問題解決能力は衰えていきます。つまり、思考力の低下は、私たちの人生の質を確実に下げていくのです。

なお、この「思考力」という言葉には、5つの重要な要素が含まれています。

①イマジネーション力：見えないものを思い描く力

②発想力：新しいアイデアを生み出す力
③クリティカルシンキング：本質を見抜く力
④他者理解力：コミュニケーションに欠かせない力
⑤結合力：情報と情報をつなぐ力

そしてこれらの力は、読書を通じればたった1人で培うことができるもの。だからこそ私は、読書の重要性を訴えたいのです。

次のトピックでは、読書を通じてこれら5つの力を育むための具体的な方法をご紹介していきます。あなたの中に眠る「思考力」という宝物を、一緒に磨いていきましょう。

「見えないものを思い描く、イマジネーション力」

カリフォルニア大学の研究チームは衝撃的な発見をしました。

授業中に「ノートパソコンを使用していた学生」より、「手書きでノートを取っていた学生」のほうが、授業に対してはるかに高い理解度を示したと言うのです。

なぜでしょうか？

それは、手書きの学生たちが「想像する時間」を持っていたから。

文字を書きながら、その意味を思い浮かべ、イメージを広げていく――。このプロセスこそが、深い学びを生み出していたのです。

読書にも、同じことが言えます。

私が読書インフルエンサーとして実践している方法は、この「想像の時間」を大切にする読書法です。

まず、本を読むスピードを意識的に落とします。

たった一行、寝る前の5分でかまいません。小説を開いて、印象的な一行を選んでください。

例えば村上春樹の『海辺のカフカ』の一節。

「波の音が聞こえる。それは誰かの体の中から打ち寄せてくるような波の音だ」

この一行に出会ったら、目を閉じて想像の時間を持ちます。

波の音は大きいのか、小さいのか。どんなリズムを刻んでいるのか。誰かの体の中とは、どんな感覚なのかを考えてみるのです。

次のSTEPは「場面の立体化」です。

1つの場面を読んだら、そこにいない人物や物事までも想像してみましょう。

例えば、喫茶店のシーンであれば、店の外の通りの様子は？　となりのテーブルには誰が座っているのだろう？　厨房ではどんな音が鳴っているのだろう？

こんなふうに、場面を立体的に捉えていきます。

そして最後は「未来予測の練習」。

これは特にビジネス書を読む際に効果的です。

1つの章を読み終えるごとに、その内容を1週間後、1ヶ月後、1年後の自分に当てはめてみるのです。具体的な変化や、起こりうる障害まで、できるだけ詳細にイメージしてみましょう。

これらの練習は、必ずしも長時間である必要はありません。むしろ、短時間でも毎日続けることが重要です。

その積み重ねが、やがてあなたのイマジネーション力を大きく育てていくはずです。

イマジネーション力は、単なる空想ではありません。

それは、目の前にないものを具体的に思い描き、実現への道筋を見出す力。企画を立案する時、人の気持ちを理解する時、将来を設計する時——。

この力は、私たちの人生のあらゆる場面で必要とされます。

「新しいアイデアを生み出す、発想力」

「AIによって仕事が奪われる時代」と言われる今、注目を集めているのが「発想力」です。

大前研一氏が著書『発想力「0から1」を生み出す15の方法』（小学館）で指摘するように、テクノロジーが進化し、グローバル化が加速する現代において、新しい価値を生み出す発想力は、人間にしかない特別な能力なのです。

そして、その発想力を身につけるために読書は有効です。

具体的に私が実践している発想力を高めるための読書法をいくつかご紹介します。

異ジャンル掛け合わせ読書法

一見関係のない本を同時期に読むことで、思いがけない発想が生まれます。

例えば、「歴史書」と「経営書」を並行して読むと……、戦国武将の戦略が現代のビジネス戦略に重なって見えてきたり、過去の社会変革が今の組織改革のヒントになったりします。

あるいは、「SF小説」と「科学の本」を組み合わせて読むと……、空想上の技術が、実は現代の科学で実現可能かもしれない、そんな新しい発見が、イノベーションの種になることもあります。

アイデアでアイデアを生み出す読書法

また、特にビジネス書に多いのですが、あらゆる著者の方が人生経験を詰め込んだ本には、その文章自体にたくさんのアイデアが詰まっていることがあります。

そんなすでに世間に認知され、成功も収めているアイデアを、次の9つの視点で捉え直し、別のアイデアに昇華させる、というのも実に有効です。

ちなみに、次に紹介する9つの視点は、ブレインストーミングの生みの親、アレックス・F・オズボーンが生み出した手法です。

1．転用（Put to other uses）他に使い道はないか？

↓そのままで新しい使い道は？　改善、改良した使い道は？　他にこれに似たものはないか？

2. 応用（Adapt）他からアイデアが借りられないか？

↓他にこれに似たものはないか？　真似できないか？

3. 変更（Modify）変えてみたらどうか？

↓意味、色、動き、音、匂い、様式、型などを変えられないか？

4. 拡大（Magnify）大きくしてみたらどうか？

↓より大きく、強く、高く、長く、厚く、時間は、頻度は、付加価値は、材料は？

5. 縮小（Minify）小さくしてみたらどうか？

↓より小さく、軽く、低く、短く、何か減らせないか？　省力化できないか？

6. 代用（Substitute）何か代用できないか？

↓他のものでは代用できないか？　他の素材は？

7. 置換（Rearrange）入れ替えてみたらどうか？

↓他のアプローチは？　要素を取り替えたら？　他のレイアウトは？

8. 逆転（Reverse）逆にしてみたらどうか？

↓他の順序は？　後ろ向きにしたら？　上下、左右をひっくり返したら？　役割を反対にしたら？

9．結合（Combine）組み合わせてみたらどうか？

↓合体したら？　混ぜてみたら？　目的を組み合わせたら？

この9つの視点により、1つのアイデアが、どんどん枝分かれしていき、新しいアイデアを生み出していきます。

ちなみに、このような視点の変換から実際に大きなビジネスを成功させた実例があります。

それがPayPalです。

PayPalは当初、Palm Pilotというモバイル端末間での送金サービスとして1996年に始まりました。しかし、創業者のピーター・ティールとマックス・レヴチンは、スマートフォンの普及を予見し、「財布の代用」としてスマートフォンを活用するという発想の転換を行いました。

そう、従来の「財布」や「銀行口座」という概念を、スマートフォンで「代用」するという着想をしたわけです。現在のFintech革命の先駆けとなりました。

2002年にeBayに約15億ドルで買収され、2023年現在の時価総額は約700億ドル規模に成長しています。

この事例は、既存のものを「代用」する視点が、いかに大きなビジネスチャンスを生み出すかを示しています。

「本質を見抜く、クリティカルシンキング」

「クリティカルシンキング（批判的思考法）」とは、物事を深く掘り下げ、本質を見極めるための思考法です。

現状の課題や問題に対して、「これは本当に正しいのか？」と問いを立てながら、深く考え抜くことで、本質的な課題を浮き出させ、解決策や仮説を出していきます。

この思考法は、急速に変化する現代社会において、ますます必要性が高まっています。実際、世界経済フォーラム（ダボス会議）でもクリティカルシンキングは注目されるスキルの1つとして議論されています。

テクノロジーの進化やグローバル化の加速により、これまでの常識が通用しない事態が頻発する現代において、このスキルはビジネスシーンだけでなく、あらゆる場面で求められる能力なのです。

そんな「クリティカルシンキング」もまた、読書を通じて効果的に育てることができます。

本と「対話」する読書法

本を読む時、私たちはつい受動的になりがちです。しかし、クリティカルシンキングを育てるには、本と「対話」する必要があります。

例えば、ビジネス書で「SNS広告が効果的」という記述に出会った時。ほとんどの読者は、その主張をそのまま受け入れてしまいます。しかし、真のクリティカルシンキングは、そこから始まります。

「そもそも広告は必要なのか？」
「なぜSNSでなければならないのか？」
「他のアプローチの可能性は？」

このように本と対話することで思考は深まるので、超情報社会において、情報を鵜呑みにせずに、自分の頭で一旦考え、冷静に判断するというスキルを手に入れることができます。

それにより、情報に踊らされ、疲弊することが少なくなってきます。

複数の視点で読む

同じテーマの本を、意識的に複数読んでみることも効果的です。

「リーダーシップ」について学ぶなら、日本人経営者の本だけでなく、海外のCEOの著書や、歴史上の指導者の伝記、さらには組織心理学の研究書まで。これらを並行して読むことで、1つの視点に囚われない、より深い洞察が得られます。

また、本文だけでなく、著者の立場や背景、本が書かれた時代背景、想定される読者層なども意識して読むことが大切です。

同じ「働き方改革」というテーマでも、大手企業の経営者が書いた本と、スタートアップの創業者が書いた本では、まったく異なる文脈があるはずです。

実践的なことを言えば、私が特に効果的だと感じているのは、

「要約→疑問→持論」

という読書法です。

1章読み終えるごとに、その内容を簡潔に要約し、いくつかの疑問点を書き出し、そして自分なりの意見をまとめる。

このサイクルを繰り返すことで、批判的思考力（クリティカルシンキング）は着実に育っていきます。

さらに、同じ文章を異なる立場から読み直してみることも有効です。

賛成する立場、反対する立場、第三者の立場。

そうやって視点を変えて読んでみることで、新たな気づきが生まれます。

例えば、まだまだ記憶に新しいコロナ対策について。

当時、「マスクの着用」1つ取っても、あらゆる意見が飛び交いましたよね。

そんなマスクの着用について、以下のような文章があったとします。

「マスク着用は、感染防止に効果的です。すべての人がマスクを着用することで、感染リスクを大幅に減らすことができます」

これを、
賛成する立場、
反対する立場、
第三者の立場、
3つの立場で考えてみます。

▼賛成の立場で読む

医療従事者の視点：医療現場の負担軽減につながる

高齢者の視点：重症化リスクの高い自分たちを守ってくれる施策
企業経営者の視点：従業員の健康を守り、事業継続できる

▼**反対の立場で読む**

飲食店経営者の視点：客足が遠のき、売上に影響
子どもの教育者の視点：表情が見えず、コミュニケーションに支障
スポーツ選手の視点：パフォーマンスに影響が出る

▼**第三者の立場で読む**

科学者の視点：効果と副作用の客観的なデータ分析
経済アナリストの視点：マスク産業への影響と経済効果
歴史家の視点：過去のパンデミック対策との比較

こんなふうにあらゆる観点から物事を考えることで、俯瞰的な視点が得られます。複数の視点で読むことで、様々な価値観を受け入れられる心の器が形成されます。

ただし、ここで1つ注意が必要です。

「批判的」は「否定的」とは異なります。ただただ否定すればいいというものではなく、建設的な視点を持ちながら、本質を見極めていく姿勢が大切なのです。

思考力を育てる読書法④

「コミュニケーションに欠かせない、他者理解力」

株式会社ディーアンドエムが2022年7月に実施した調査で、深刻な実態が明らかになりました。

コロナ禍以降、全世代で約2割、特に10代女性の3人に1人が「コミュニケーション力の低下」を実感しているというのです。

この背景には、「他者の視点に立つ力」の衰えがあります。

そうでなくとも社会に出ると様々なシーンで、「他者の視点」に立つ力が試されます。

例えば接客業では、お客様の立場になって考えることが欠かせません。お客様が何を求め、どのようなサービスを望んでいるかを理解することで、適切な工夫や改善点を見つけることができます。

マネジメントの立場では、会社のチームメンバーや部下の立場、さらには会社全体の視点を考慮する必要があります。

これらの異なる視点をバランスよく取り入れ、偏らない判断を下すことができれば、より良い人間関係を生み出すことができるでしょう。

さて、そういった他者の視点に立つためには、実際に人と接し、失敗を繰り返していくことでしか身につけることはできないのでしょうか？

いいえ、そんなことはありません。

なぜなら、本の中にはすでに様々な視点が描かれているからです。

物語の中の「立場転換」

小説を読む時、意識的に視点を変えてみます。

主人公の視点だけでなく、ヒロインの立場で読み直してみたり、脇役の目線で物語を追ってみたりするのです。

すると、これまで気づかなかった感情や葛藤が見えてきます。１つの出来事が、立場によってまったく異なる意味を持つことに気づくはずです。

物語を読む時、私たちはつい「共感できる」登場人物に感情移入しがちです。

しかし、あえて「理解しづらい」登場人物の内面に寄り添ってみたり、その行動の背景にある思いを想像してみたりする。

こうすることは、現実社会での「他者理解」につながる、貴重な練習となります。

思考力を育てる読書法⑤

「情報と情報をつなぐ、結合力」

本章の冒頭でもお伝えした通り、成熟社会となった現代では、「たった1つの正解」を見出すことが難しくなりました。

「この仕事を選んで良かったのか」

「この生き方で正しいのか」

「この決断で間違っていないか」

だからこそ、こんなふうに人生の選択に悩み、先に進めなくなっている人も多いのではないでしょうか。

そんなことから私は、正解を求めること自体、反対です。

その代わりに必要なのが、納得解――自分が心から「これでいい」と思える答えです。

では、その「納得解」はどのように見つければよいのでしょうか。

それは、様々な情報や経験を「結びつける力」によって生まれます。

例えば、仕事を変えたいと考えている時。

転職サイトの情報だけでなく、実際に働いている人の体験談を読み、自分の過去の経験と照らし合わせ、さらに業界の将来性についての分析も加えて――。

このように、複数の情報や経験をつなぎ合わせることで、「この選択なら、自分の中でしっくりくる」という答えが見えてきます。

言い換えれば、「結びつける力」とは、様々な情報を自分に合わせて編集し、自分だけの「納得解」を作り出す力なのです。

そして、この「結びつける力」を最も効果的に育てるのが、読書なのです。

例えば、「片づけ」というテーマの本を複数読む時。
収納の本から「モノの整理術」を学び、
時間管理の本から「スケジュールの整理」のヒントを得て、
心理学の本から「なぜ物を溜め込むのか」を理解する。
このように異なる視点の情報を結びつけることで、あなたに合った「片づけ方」が見えてきます。

思考は行動に変えないと意味がない

ここまでの内容を通じて、読書によって手に入る5つの思考力＝イマジネーション力、発想力、クリティカルシンキング、他者理解力、結合力についてご紹介してきました。

しかし、ここで重要な警告があります。

これらの力を身につけただけでは、人生は何も変わらない、ということです。

思考力とは、あくまでも「道具」に過ぎません。

その道具を使って、現実世界で何を生み出すのか。
それこそが、本当の読書の目的なのです。

私が年間240冊を読むのも、単なる知識欲からではありません。
読書で培った思考力を、日々の生活で実践し、自分と周りの世界をより良い方向に変えていくため――。

では具体的に、どのように読書を実践に結びつけていけばよいのでしょうか。
例えば、ビジネス書を読んだら、翌日から1つでも新しい方法を試してみる。
小説から得た気づきを、今直面している問題の解決に活かしてみる。
自己啓発本の内容を、具体的な行動計画に落とし込んでみる。

大切なのは、「24時間以内の実践」です。

読んで得た知見は、時間と共に薄れていきます。だからこそ、できるだけ早く行動に移すこと。それが、読書を真の力に変える秘訣なのです。読んでいる時にアイデアが出たら、本を閉じて行動することもあります。


「知識」と「行動」。

この2つが結びついた時、あなたの人生は確実に変わり始めます。


「行動なき知識は、時として傲慢の種となる」

これは、私の恩師から受けた言葉です。

読書で得た思考力を現実の力に変えるため、以下の実践法をお伝えします。

読書を行動に変える「実験室メソッド」

「ホームランの打ち方」がどれだけ頭の中で理解できていたとしても、その人が実際にホームランを打てるかと言われたら、そんなことはありませんよね。

実際に手を動かしたり、実際に行動したりしてみないと、せっかくの知識は無駄になります。

とはいえ、その知識をどう行動に活かせばいいのかが分からない。

だから、行動に移せないんですよね。

そこで、取り入れた知識をうまく行動に移すために、私は「実験室メソッド」を取り入れています。

科学者が新しい発見をするように、読書を「実験」として捉え直してみましょう。

▼STEP1・仮説を立てる

本を読んでいると「なるほど！」と思う瞬間がありますよね。でも、その「なるほど！」をそのまま放っておくと、ただの「へー」で終わってしまいます。

そこで大切なのが、その気づきを「もしかしたら〇〇かもしれない」という仮説に変換すること。

例えば、時間管理の本を読んで「早起きは三文の徳」という言葉に出会ったとします。

これをそのまま「そうだよね」で終わらせるのではなく、「もしかしたら、朝一番に本を読むことで、1日の集中力が変わるかもしれない」という具体的な仮説に変換するのです。他にも、コミュニケーションの本を読んだら「もしかしたら、相手の話を30秒間遮らずに聞くだけで、会話が変わるかもしれない」という仮説が立てられる可能性もあります。

このように、本から得た気づきを「自分の生活に関係する具体的な仮説」に置き換えることで、行動のきっかけが生まれやすくなります。

大切なのは、できるだけ具体的に、かつ検証可能な形にすること。

「もっと頑張ろう」という漠然とした決意ではなく、「これをやったら、こうなるかもしれない」という形に落とし込むのです。

▼STEP2・実験計画を立てる

続いて、仮説を検証するための具体的な「実験」を設計します。

以下のイメージです。

・期間：まずは3日間
・場所：寝室の椅子
・時間：目覚めてから10分間

・測定：その日の気分や集中力を5段階で記録

▼STEP3・観察ノートをつける

実験中の変化を、次の項目を参考に科学者のように細かく記録します。

・予想以上の発見：意外と朝型になれた
・予想外の障害：寒くて布団から出られない
・興味深い反応：午前中の会議で積極的に発言できた

このように最初はくだらない内容だったり、思ったままの言葉だったりで大丈夫です。書くこと自体も行動の1つなので、観察ノートが続くことも、自己肯定感の引き上げにつながります。

▼ＳＴＥＰ４・データを分析する

ＳＴＥＰ３の実験結果から、次のアクションを決めていきます。

そのポイントとして、ここまでのノートの内容から、「継続すべき要素」「改善すべき点」「新たな仮説」の３つを見ていくことが挙げられます。例は以下の通りです。

・継続すべき要素：静かな環境、短時間
・改善すべき点：椅子を温かいリビングに移動
・新たな仮説：朝の10分だけでなく、夜、眠る前の10分も実験してみよう

▼ＳＴＥＰ５・進化させる

成功した実験は、

・時間を10分から15分に延長
・読む本の種類を変える

・場所を変えてみる

など、少しずつアップグレードしていきます。

こうすることで、知らず知らずのうちに、自分の思考の幅が広がっていくことを実感できるはずですし、行動力に対するハードルもグッと下がっていることに気づけるはずです。

また、この「実験室メソッド」の魅力は、成功／失敗という二元論から解放されること。すべては「実験データ」として捉えられ、改善のヒントとなります。

また、この方法は既存の生活リズムを活かしながら、新しい習慣を「実験」という形で楽しく組み込めるのが特徴です。

あなたの人生を「実験室」に変えるような気持ちで、様々な可能性を試してみてください。

読書が変える、これからの人生

「知らないことを知ると、もうあなたは元には戻れません」

この言葉は、ある作家から聞いた印象的なフレーズです。

本を通じて得た知識と気づきは、あなたの見る世界を確実に変えていきます。

ただし、それは何度も言うように「読む」だけでは実現しません。

知識を「行動」に変え、気づきを「実践」に移し、そして何より、その変化を「継続」させること。

それが、本当の意味で「人生を豊かにする読書」なのです。

孤独で寂しい夜には本を開こう

この本を通じて、「忙しさ」がいかに私たちの作り出した幻想であるかをお伝えしてきました。そして、その幻想から解放されることで、自分自身が本当に大切にしたい時間を取り戻せることも。

しかし、新しい一歩を踏み出す時、誰もが不安を感じます。

「このやり方で本当にいいのだろうか」

「周りと違う道を選んで、大丈夫なのか」と。

そんな孤独な気持ちに襲われた時こそ、本を開いてほしいのです。


本を開く時、あなたは決して1人ではありません。

そして、本は決してあなたを否定しません。


私自身、引きこもりの頃、「社会のお荷物だ」と思い詰めていました。

でも、本の中の言葉が私を救ってくれたのです。物語の登場人物が友となり、著者の言葉が導き手となり、新しい世界への扉が開かれていきました。


これから先、辛いことがあるかもしれません。

孤独で寂しい夜があるかもしれません。

だけどそれは、感情に向き合う時間。出来事をじっくりと味わい、心に染み込ませるための時間です。

さらに言えば、そう思えるようになった時、人生は一気に豊かになります。そう気づかせてくれたのが、森沢明夫さんの『きらきら眼鏡』の一節でした。

「人生の豊かさを決めるのは、その人に起こった事象ではなくて、その人が抱いた感情なのだ」

「忙しさ」も「豊かさ」も、結局は私たちの感情でしかありません。

同じ1日でも、どう感じるかで、その色は大きく変わる。だからこそ、感情と正直に向き合う時間が必要なのです。

そして、その時間を優しく見守ってくれるのが「本」です。忙しさという幻想から解放され、自分らしい時間を生きようとするあなたの、永遠の伴走者として。

きっと本の中には、あなたの選んだ道を支持してくれる言葉が、いつでも、何度でも、待っているはずです。

おわりに

世界は今、かつてないほど便利な時代となっています。

スマホ1つでほとんどの情報が手に入り、検索すれば瞬時に答えが見つかる。

こんなふうにあらゆるものが〝スピーディ〟に進んでいるのです。

それなのに、この本で探究してきたように、私たちは以前にも増して「忙しい」と感じています。

ただ、その「忙しさ」の多くは実は幻想でしかありませんでしたよね。

だからこそ、そんな幻想に惑わされることなく、充実した時間を過ごしてほしい。
そんな思いをこの本のタイトルである「忙しさ幻想」という言葉に込めました。
そこで、ぜひ「忙しさ幻想」という言葉を、ぜひあなたの日常会話に取り入れてください。
そして、
同僚が「忙しくて時間がない」とこぼす時、
友人が「予定でいっぱいで」と断る時、
そして何より、あなた自身が「時間がなくて」と感じる時、
立ち止まって考えてみてください。
「本当に忙しいのか、それとも忙しさ幻想に囚われているだけなのか？」
と。

ただ、現代社会では「1人の時間を怖がる人」が増えています。

SNSやデジタルツールの普及により、「誰かと常に繋がっている状態」が当たり前になりました。

スケジュール帳に「空欄」があると焦り、SNSでは「いいね」を押さなければならないというプレッシャーを感じる。

こうして、表面的な「忙しさ」に逃げているとも言えるでしょう。

でも、こんな時代だからこそ、あなたの尊い「時間」をどう使うかを改めて考え、1人の時間を恐れずに、誰にも邪魔されない自分の時間を楽しんで欲しいです。

自分らしい人生を生きる人が増えていくことは、最終的に世界平和に繋がると信じています。

その輪が広がれば、「あなたの人生もいいし、私の人生もいい!」と、お互いの価値観を尊重し合える社会になるはずだから。

そんな夢は1人の力では叶わないと言われるかもしれません。

ですが、私の大切な人生の先輩が教えてくれた言葉があります。

「微力だけど、無力じゃない。」

この本が、あなたの「忙しさ幻想」から解放される第一歩となり、より充実した毎日を送るためのヒントになれば幸いです。

私もまだまだ修行の身。ぜひ、友として、共に「忙しさ幻想」から解放された、本当の意味で豊かな時間を生きていきましょう。

豊留菜瑞

参考文献

『有閑階級の理論（新版）』　ソースティン・ヴェブレン（著）　村井章子（訳）／筑摩書房

『ロングゲーム――今、自分にとっていちばん意味のあることをするために』　ドリー・クラーク（著）　伊藤守（監修）　桜田直美（訳）／ディスカヴァー・トゥエンティワン

『ＹＯＵＲ　ＴＩＭＥユア・タイム――４０６３の科学データで導き出した、あなたの人生を変える最後の時間術』　鈴木祐（著）／河出書房新社

『時間は存在しない』　カルロ・ロヴェッリ（著）　冨永星（訳）　吉田伸夫（解説）／ＮＨＫ出版

『モモ』　ミヒャエル・エンデ（著）　大島かおり（訳）／岩波書店

『7つの習慣』　スティーブン・R・コヴィー（著）　フランクリン・コヴィー・ジャパン株式会社（訳）／キングベアー出版

『発想力――「0から1」を生み出す15の方法』　大前研一（著）／小学館

豊留菜瑞　とよどめ なつみ

読書アカウント集団・BUNDANの代表。1989年生まれ。年間240冊の書籍を読破する、ビジネス書の探究者。読書を通して得た「働き方」や「生き方」の知恵を自身の人生で実践し、複数のフットケアサロンの起業・経営に成功。3ヶ月先まで予約が取れない、リピート率90％超えのサロンとなる。各メディアでの書評寄稿や、ビジネス書レビューの発信も精力的に行い、「本から学ぶ実践的ライフスタイル」を提唱。本書が初の著書となる。

デザイン　古屋郁美
カバーイラスト　サトウリョウタロウ
校正　鷗来堂
DTP　朝日メディアインターナショナル
編集　岸田健児（サンマーク出版）

忙しさ幻想
2025年4月 5 日　初版印刷
2025年4月15日　初版発行

著者　豊留菜瑞
発行人　黒川精一
発行所　株式会社サンマーク出版
〒169-0074
東京都新宿区北新宿2-21-1
（電話）03-5348-7800
印刷　株式会社暁印刷
製本　株式会社若林製本工場

ISBN 978-4-7631-4213-9　C0030
ホームページ　https://www.sunmark.co.jp
JASRAC 出 2501922-501